시베리아 한인민족운동의 대부

최재형

시베리아 한인민족운동의 대부 최재형

| **박환** 지음 |

글을 시작하며

한국과 러시아가 국교를 맺고 나서 광활한 시베리아 벌판을 누비며 항일운동을 펼쳤던 영웅들이 역사 속에서 새롭게 부활하고 있다. 그 대표적인 인물 가운데 가장 우뚝 선 인물이 바로 최재형이다. 그의 러시아 이름은 표트르 세메노비츠 최. 러시아 국적을 취득한 그는 함경도 노비 출신이었으나 조국을 위해 자신의 목숨과 재산을 바쳤다.

구한말 의병조직인 동의회 총재, 『대동공보』 사장, 『대양보』 사장, 권업회 총재, 대한국민의회의 명예회장 등의 직함이 시베리아에서의 독립운동 이력과 러시아 연해주 사회에서 그가 지녔던 위상을 상징적으로 보여준다. 특히 러시아의 한인사회를 대표하는 자산가였던 그는 수많은 항일운동단체에 참여하여 재정 지원을 아끼지 않았다. 안중근 의사 의거와 수많은 항일조직의 결성, 『대동공보』와 같은 언론사의 운영 등은 그의 후원으로 가능했다. 이러한 노력이 독립운동계에 두루 알려지면서 그는 대한민국임시정부 초대 재무총장에 임명되었다.

그의 민족운동 노선은 러시아 귀화한인들을 대표했다. 그래서 때로 비귀화인과 마찰을 빚기도 했다. 그는 자산가였다. 그러나 자신의 재산을 항일운동에 헌납하고 불우한 처지에 있는 많은 이들에게 교육 기회를 제공하며 공원을 조성하는 등 공공사업에 애썼다. 그는 러시아 지역을 대표하는 진보적인 민족주의 세력으로 평가된다. 그래서 독립운동계와 한인사회가 모두 추앙하는 인물로 성장할 수 있었다.

두만강을 건너 러시아로 도주한 후 러시아 선장 부부의 도움으로 상트페테르부르크 등을 둘러본 어린 소년은 조선도 그와 같은 부강한 국가로 만들고 싶었다. 러일전쟁 후에는 일본 도쿄를 방문하여 러시아를 이긴 일본과 같은 부국강병의 조국을 만들어야겠다고 결심하기도 했다. 그는 식민지 조선의 해방과 성숙한 세계시민의 양성을 꿈꿨다. 그러나 그 꿈은 1920년 4월 일본군에게 총살되면서 산산이 부서지고 말았다.

이 책이 시베리아 벌판의 찬바람 속에서 천신만고 끝에 꽃을 피웠던 그의 인생을 새롭게 살피는 기회가 된다면 더 바랄 나위가 없겠다.

훨훨 바람이 되어 날고 싶어 했던 장은미 님을 추억하며 이 책을 바친다.

2008년 2월 18일

박 환

차례

4 일제의 조선 강점과 독립운동의 전개

5 3·1운동 이후 민족지도자로

전형적인 시베리아의 농촌 풍경

01 노비에서 시베리아 항일운동의 대부로

최재형崔才亨은 일명 최재형崔在亨이며, 그의 러시아 이름은 표트르 세메노비츠 최이다. 함경북도 경원(경흥)의 노비 출신인 그는 1860년대에 경제적인 이유로 인해 러시아 연해주로 도주하였다. 1880년대 러시아에 귀화한 후에는 그 지역의 도헌 및 자산가로 성장하여 재러한인사회를 이끈 대표적인 지도자였고 러시아 당국에게 가장 촉망받는 친러 인사였다. 그는 1905년 이후 적극적으로 항일투쟁에 참여하여 시베리아에 출병한 일본군에게 처형되는 1920년까지 독립운동을 전개하였다. 1900년대에는 러시아 지역의 가장 대표적인 의병조직인 동의회의 총재로, 블라디보스토크에서 발행된 민족 언론인 『대동공보』와 『대양보』의 사장으로 활약하였다.

그리고 1910년대 초반에는 권업회 총재, 1919년 3·1운동 이후에는 대한국민의회의 명예회장으로 활약하는 등 1900년부터 1920년까지 러시아 지역에서 조직된 주요 단체의 책임자로 일했다. 그리하여 3·1운동 이후 상해에서 성립된 대한민국임시정부의 초대 재무총장에 임명되기도 했다. 그가 1920년 4월 연해주 우수리스크에서 일제에 의해 총살되자 대한민국임시정부 국무총리였던 이동휘는 『독립신문』에 그의 활동을 칭송하고 죽음을 슬퍼하는 글을 남겼다.

> 상해 거류민단 주최로 고 최재형·양한묵 두 선생 및 순국 제열사의 추도회가 지난 22일 오후 8시에 동단에서 거행되다. 고 최재형 씨의 역사를 이동휘 씨가 적다.
>
> 최재형 선생의 역사를 말하자면 한이 없겠소. 선생은 원래 빈한한 집에 태어나 학교에 다닐 때는 눈 위에 맨발로 다닌 일까지 있소. 선생이 12세에 기근으로 인하여 고향인 함경북도 경원에서 러시아로 건너가 사업에 착수하여 크게 교육에 진력하였소. 학생에게 학비를 주며 유학생을 연연히 파견하였소. 선생은 실로 러시아의 개척자였소. 선생의 이름은 우리나라 사람이라도 모르는 자가 없었소. 또한 당시에 군 자치회 부회장이 되며 다대한 노력이 있었소. 또한 연전 한일조약의 수치를 참지 못하고 안중근 씨와 합력해서 한 단체를 조직해가지고 희뢰 등지에서 왜적을 토벌한 사실이 있소. 그러고는 작년 3월 이후에 임시정부 재무총장에 피임되었었소. 이러한 위대한 노력을 하다가 지난 4월 5일에 불행히 적에게 포박되었고 적은 야만적 행동으로 공판도 없이 씨를 총살하였소.
>
> –『독립신문』 1920년 5월 27일자

이 글에서 이동휘는 최재형이 러시아의 개척자로서 항일투쟁에 적극

동참하였음을 밝히고 있다. 국내에서 발행되고 있던 『동아일보』도 그의 죽음을 대서특필했다.

지난 4월 4일에 블라디보스토크에서 러시아 군대와 일본 군대가 교전하게 된 이래로 신한촌에 있던 일본을 배척하는 조선 사람들은 형태가 위태함으로 니코리스크로 몸을 피하여 러시아 과격파와 연락을 하여 가지고 일본군에게 반항하다가 육십칠 명이 체포되어 그중에 원 상해가정부 재무총장 최재형 외 세 명은 일본군에게 총살당하였다 함은 어제 신문에 이미 보도하였거니와 최재형은 금년 63세의 노인이요, 함북 경흥 태생이니 어려서부터 가세가 매우 곤궁하여 그가 열 살 되었을 때에 할 일 없이 그 부모를 따라 멀리 두만강을 건너 러시아 지방으로 건너가게 되었다. 그곳으로 건 간 뒤에도 몇 해 동안은 러시아인에게 고용되어 그 주인에게 충실하게 뵈었으므로 열다섯 살 되는 봄에는 주인의 보조를 받아 소학교를 다니게 되었고, 재학 중에도 교장의 사랑을 받아서 졸업 후에는 러시아 경무청 통역관이 되었는데, 원래 인격이 있으므로 만인이 신망하게 되어 25세 때에는 수백 호를 거느리는 노야라는 벼슬을 하게 되었고, 그는 다시 한 푼 돈이라도 생기기만 하면 공익에 쓰고 사람을 사랑하므로 일반 인민의 신망은 나날이 두터워져 마침내 도노야都老爺로 승차하게 되어 수 만 인의 인민(러시아인이 대부분)을 거느리게 되어 러시아의 극동 정치에도 손을 내밀어 적지 않은 권리를 가지고 지냈다. 그리하여 그는 마침내 러시아에 입적까지 하였었고, 작년에 과격파의 손에 총살당한 니콜라이 2세가 대관식을 거행할 때 수 만의 러시아 인민을 대표하여 상트페테르부르크에 가서 황제가 하사하시는 화려한 예복까지 받은 적이 있으며, 이 태왕 전하께서 을미년에 러시아 영사관으로 파천하신 후 널리 러시아-만주 국경에 정통한 인재를 기르실 때 최씨가 뽑혀서 하루빨리 귀국하여 국사를 도우라는 조서를 수차례 내리셨으나 무슨 생각이 있었던지 굳게 움직이지 아니하였으며, 이래로 그 지방에 있어서 배일사상을 선전하고 작년에 상해가정부 재무총장까지 되었었는데, 이번에 총살을 당한 것이오.

-『동아일보』 1920년 5월 9일자

최재형

위 기사에서는 재러한인사회의 지도자이자 대한민국임시정부의 재무총장으로 활동하던 최재형이 총살되었음을 애도하고 있다. 또한 박은식도 그의 저서 『한국독립운동지혈사』에서 다음과 같이 적고 있다.

최재형은 함경도 경원사람으로 아홉 살 때에 러시아의 얀치헤로 옮겨가서 살았다. 사람됨이 침착하고 강인하고 날쌔고 씩씩하여 모험을 감행하였다. 러시아의 글과 실정에 익숙하여 러시아 관원의 신임을 얻었으므로 우리 겨레의 노동자를 위하여 비호한 일이 매우 많았다. 두 번이나 러시아의 수도 페테르부르크에 가서 러시아 황제를 뵙고 훈장을 받고, 얀치헤 도헌의 관직을 받으니 연봉이 3,000원이었다. 이것을 은행에 저축하여 두고 그 이자를 받아 해마다 학생 한 명을 러시아의 서울에 보내어 유학하게 하였다. 우리 겨레 학생 중 러시아 유학 출신이 많은 것은 다 그의 힘이었다. 그는 비록 어린 나이로 떠돌아다니며 러시아의 국적을 갖기는 하였으나 조국을 그리워하였으며 박영효를 만나보기 위하여 일본에 간 일도 있다.

1908년에 이범윤이 거의를 모의하고 최재형을 대장에 추대하니 주러공사 이범진이 3만 원을 보내어 자금으로 삼게 하였다. 이에 안중근·장봉한·최병준·강만국·조항식·백규삼·오하영 등이 군무를 분담하여 그해 7월에 군사를 거느리고 강을 건너 경원의 신안산에서 싸워 승리하였다. 전진하여 회령의 영산에서 크게 전투를 벌였으나 중과부적으로 패전하고 노령으로 돌아갔다. 오래 지나서 군 자치회의 부회장이 되었으며, 맏아들 최운학은 러시아군의 장교가 되었다. 1919년 3월 1일 우리나라 국민들이 독립운동을 전개하여 임시정부를 수립하고는 그를 재무총장에 임명하였으나 사퇴하고 취임하지 않았다. 이듬해 4월 일본병이 러시아의 신당과 싸워 쌍성을 습격 파괴하고 죄 없는 수많은 우리 겨레들을 함부로 체포하였다. 그래서 최재형은 김이직·황경섭·엄주필 등과 함께 총에 맞아 사망하였다.

위의 내용처럼 박은식 선생은 최재형의 교육활동과 의병활동에 대해 높이 평가하고 있다. 또한 1920년 9월 12일 블라고베셴스크에서 대한

국민의회가 간행한 『자유보』 창간호에 실린 최재형의 추도식에 관한 기사에는 이렇게 적혀 있다.

최재형 공은 당년 62세이다. 40년 전에 노령 한인자제의 교육에 착수하여 오늘까지 성력을 다하였다. 그러므로 지금 노령 한인사회에 책을 들고 능히 외우며 붓을 들고 능히 쓰는 사람은 공의 힘을 아니 입은 자가 없으며, 10년간의 남도소 회장, 권업회 명예총재, 전로한족회장으로 우리 사회 발전에 참 성력을 다하였으며, 또 10년 전 무신 기유의 사이에 수천 명의 의협남아를 규합하여 함께 두만강을 건너 원수와 수십 회를 싸웠다. 공은 과연 교육가이며 군사가이며 시회 열심가라고 하여……

윗글은 최재형의 교육가 및 군사가로서의 면모에 비중을 두고 있다. 이처럼 최재형은 러시아 지역에서 일제에 대항한 독립운동계의 가장 주요한 인물이었다.

그럼에도 불구하고 지금까지 그의 생애에 대하여 알려진 바가 거의 없었다. 이것은 최재형에 대한 자료가 그만큼 제한되어 있었기 때문이다. 그런데 최근 한·러수교가 이루어진 후 러시아와의 학문적 교류가 빈번해지면서 최재형 후손들과의 만남을 가질 수 있었다. 모스크바에 거주하고 있는 최 올가와 키르기스 공화국 카라콜에 살고 있는 최 류드밀라, 카자흐스탄 알마아타에 거주하고 있는 최 엘리자벳다 등이다. 이제 최 류드밀라는 고인이 되었다.

필자는 최 올가와는 1997년 7월에, 최 류드밀라와 최 엘리자벳다와는 1995년 7월에 그들이 살고 있는 러시아와 카자흐스탄과 키르기스 공화국에서 만남을 가졌다.

최재형의 생존한 자녀들이 작성한 『19세기 말 및 20세기 초 한인들의 반일투쟁시기 최재형이 벌인 계몽 및 민족해방운동』(이하 『최재형 전기』) 그리고 최재형의 아들 최 왈렌친이 작성한 『최재형의 이력서』와 부친에 대한 회상기인 『아버지에 대해 기억하고 있는 것과 이해하고 있는 것』, 『최재형 연보』, 최 올가가 작성한 자서전 『고려사람』 등은 최재형의 삶의 역정을 생생히 복원시키는 데 큰 도움을 주고 있다.

러시아로의 이주와 정착 02

함경도 지방의 흉년과 러시아 이주

최재형은 1860년 8월 15일 함경북도 경원군에서 노비 최흥백의 아들로 태어났다. 최흥백은 지주의 머슴이었고, 어머니는 재색을 겸비한 기생이었다.

1869년 7월 홍수로 인해 함경도 지역의 많은 동포들이 굶어죽는 참경이 벌어지자 최재형 집안의 생계는 더욱 어려워졌다. 당시 백성 중에는 생존을 위해 만주와 러시아 지역으로 몰래 이주하는 사람이 많았다. 이런 어수선한 분위기 속에서 그의 집안도 생존을 위한 방책을 찾아야 했다. 그때 어른들로부터 두만강을 건너가면 비옥한 땅이 많다는 이야기를 듣게 된다. 이에 최재형은 아홉 살 때(1869년 9월 9일) 할아버지, 부모님, 형과 함께 연해주 포시에트 지역 지신허로 이주하였다. 후손들은 당시의 모습을 다음과 같이 묘사하고 있다.

중국 방천에서 바라본 한·러 국경지역

포시에트 항구

니콜라예프스크(니항)
사할린
헤이룽강
콤소몰스크
스보보드시(자유시)
블라고베셴스크
하바롭스크
비라
쑹허강
이만
하얼빈
밀산
스파스크
흥개호
나자구
우수리스크
창춘
수청(빨치산스크)
블라디보스토크
봉오동
노보키예프스크(크라스키노)
청산리
포시에트
백두산
선양
조선
철도
중요 독립군활동지
도시

연해주 지도

언덕 위에 올라선 할아버지는 마지막으로 향촌을 뒤돌아보더니 긴 한숨을 내쉬었다. 아홉 살 된 재형은 왜 할아버지가 오랫동안 말없이 걸으시는지 이해할 수 없었다. 그 후 나이가 들면서 고향을 떠나는 것이 얼마나 가슴 아픈 일인가를 깨닫게 되었다. ……

맥이 진한 길손들은 땅거미가 져 걸음을 멈추지 않았다. 재형이는 할아버지의 손을 꽉 잡고 어른들에게 뒤떨어지지 않으려고 부지런히 걸었다. 새들이 나뭇가지에서 퍼드덕거리거나 부러진 나무들이 괴물처럼 보일 때면 재형이는 할아버지나 형님에게 바싹 다가붙어 눈을 감고 발걸음을 재촉하였다.

이렇게 최재형은 좋은 생활을 찾아간다는 할아버지를 따라 1869년에 러시아로 넘어오게 되었다. 그 당시 많은 빈민들이 조선을 떠나 러시아로 왔다. 그들은 연해주 포시에트(현재 하싼구역) 구역에 정착하였다.

-『고려일보』 1991년 6월 26일자

최재형 집안이 러시아로 이주할 수 있었던 이유는 그들이 살고 있던 경원 지역이 두만강을 끼고 있는 북만주와 러시아 연해주로 나가는 출구인 훈춘과 마주보고 있었기 때문이었다.

이주한 지신허는 1864년 봄에 함경도 무산 사람 최운보와 경흥 사람 양응범이 몰래 두만강을 건너 새롭게 개척한 곳이었다. 당시 이곳 연해안에는 중국인 10여 호가 농업에 종사하고 있었다. 그 외에 흑정자(얀치헤 지대의 한 지점)에 러시아 군인이 약간 주둔하고 있었을 뿐이었다. 그 후 경흥, 온성 등지에서 몰래 지신허로 이주하는 사람들이 증가하였다.

시베리아의 자작나무 숲과 도로

이주한 한인들의 생활모습

가수 서태지가 세운 러시아 최초의 한인 마을 지신허 기념비

그리하여 이듬해인 1865년에 한인 부락이 형성되었고, 이곳에 이주한 동포들은 만주토비인 홍수적紅鬚賊을 방어하기 위하여 사포대를 설치하기도 하였다.

최재형 집안이 경제적인 문제를 해결하기 위하여 기대를 갖고 이주한 지신허 역시 어렵기는 매한가지였다. 계봉우가 작성한 『아령실기』는 당시의 상황을 "의접依接할 가막家幕도 없고, 게다가 호구할 양식도 없어 형용할 수 없는 굶주림과 추위에 절규하는 상황"이라고 하였다. 이에 연해주 군무지사 푸루겔름은 군무지사의 권한으로 블라디보스토크 창고로부터 4,000푸드의 저질 보리와 2,000푸드의 밀가루를 방출하여 빈곤한 한인들에게 나누어주기도 하였다. 그러나 이것만으로는 러시아로 이주한 한인들의 경제난을 해결할 수 없었다. 1870년 봄이 되어도 상황은 호전되지 않았다. 그리하여 얀치헤(연추), 포시에트(목허우), 지신허 등지의 길가에는 굶어죽은 시체가 널려 있었다. 그렇다고 해도 그들은 월경죄 때문에 다시 고국으로 돌아갈 수도 없는 처지였다.

그러므로 지신허에 정착한 농민들 가운데는 생존을 위해 다른 지역으로 이주하는 사람들이 생겨났다. 예컨대, 지신허 빈민 가운데 96명은 청나라 배 세 척에 나누어 타고 추풍으로 향했다. 그러나 그들은 블라디보스토크에 이르러 배가 암초에 부딪치는 사고를 당해 22명이 익사하는 비극을 겪었다. 생존자는 러시아인의 구원을 받아 흐림물에 상륙할 수 있었고, 하루에 10리를 걸어 8일 만에 겨우 우수리스크에 도착하였다. 그리고 이곳에서 과거에 러시아 군인들이 주둔하였던 토굴에 임시 거처하며 개척을 시작하였다. 다행히 그해에는 황무지를 개간하고 옥수수와 감자를 심어 겨우 연명할 수 있었다.

최재형의 집안 역시 경제난에 허덕였다. 그 후 몇 해 동안 최재형은 러시아인 밑에서 일하게 된다.

러시아 학교 입학

1864년 봄 이후 지신허에 한인들의 이주가 증가하여 점차 한인부락들이 생겨났다. 동포들은 자녀의 공부를 위해 한인자제를 위한 교육시설을 설립하였다. 그 교육내용은 조선에서의 교육을 답습하는 것으로 공자·맹자 등 전통한학을 가르치는 정도에 머물렀다.

그러한 가운데 러시아 당국에서는 이주 한인들을 러시아화하기 위하여 1870년부터 러시아 극동지방에 학교를 설립하기 시작했다.

러시아 지역에 한인을 위한 교육기관이 처음 설립된 것은 1872년 최재형이 살고 있던 지신허와 얀치헤에 러시아 정교교회가 설립되면서부터이다. 같은 해에 바실리 피얀코프 목사가 지신허 교구에 한인학교를 창설한 것이 처음이 아닌가 한다. 이 학교의 수업은 러시아어로 행해졌고, 모국어로 교육하는 것은 금지시켰다. 또한 교육내용도 러시아에 관한 것이었다.

얀치헤에 설립된 러시아 학교는 취학연령에 이른 한인자제를 모집하였다. 하지만 한인들은 이에 적극 협조하지 않았다. 어떤 부모는 이웃집 자녀에게 품삯을 주고 대신 학교에 보내기도 했다. 설령 자기 자녀를 학교에 보내도 인격의 배양이 아닌, 일상생활의 편리 도모를 목적으로 삼았다. 당시 재러한인사회의 일반적인 분위기는 러시아 학교에 자제를 보내지 않는 분위기였다. 이와 달리 최재형의 부모는 자식을 러시아 학교에 보냈다. 그것은 최재형의 집안이 별로 내세울 것 없는 노비 출신 집안이었기 때문이다. 또한 남의 나라에서 먹고살며 장래를 기약하기 위해서는 러시아어를 알아야 했다. 그리하여 최재형은 이주한 지 2년 후 러시아 학교에 입학한 첫 한인 학생이 되었다.

당시 최재형의 집안은 곤궁하여 그의 학비를 대줄 형편이 아니었기 때문에 그는 고용주인 러시아인의 도움으로 학교에 다니게 되었다. 그의 학교생활은 경제적으로 매우 어려웠다. 계봉우가 작성한 『아령실기』

러시아 연해주 하싼에 위치한 한인학교와 학생들

「교육」란에는 빈한하게 고생하며 공부한 대표적인 인물로 최재형을 꼽았다.

빈곤하기 때문에 취학하기 불능한 사실의 일례를 든다면 최재형 씨의 유시幼時 고학한 것이 실증이 되었다. 그가 러시아 학교에서 수업할 때에 그 빈한함이 뼈에 사무쳤는지, 굿을 하는 집에 가서 떡 조각을 빌어먹어 허기를 채운 일도 있었고, 삼동三冬이면 양말과 신이 없어서 짚단을 가지고 눈 위를 걸어 다니다가 그 짚단을 펴고, 꽁꽁 언 발을 녹였다고 한다.

학교에 입학한 최재형은 그 후 4년 동안 러시아 문학과 언어를 공부하여 러시아의 풍속과 물정을 파악하게 되었다.

가출과 선원 생활

러시아 학교에서 공부하던 최재형은 그의 나이 열한 살 되던 해 일생의 전환점이 되는 가출을 시도한다. 경제적인 어려움 외에도 형수와의 깊은 갈등이 가출의 원인이 되었다. 최재형의 자녀들이 공동으로 작성한 부친에 대한 회상기 『최재형 전기』에서는 이를 다음과 같이 묘사하고 있다.

> 세월이 흐르자 형이 결혼을 했다. 사실은 기뻤지만 그에게는 노는 것이 불행이었다. 형수가 시동생을 미워했던 것이다. 시일이 흐를수록 최재형은 형수에 대한 반감이 커져갔다. 그는 형수의 잔소리가 듣기 싫어서 부모집에서 도망 나왔다.

가출한 최재형은 포시에트에서 상선의 어린 노동자로 일하게 되었다. 최재형을 귀여워한 선장과 부인은 자기 집에 살게 하고 세례를 받게 한 후 표트르 세메노비츠라는 러시아 이름을 지어주었다. 최재형은 선장 부부와의 만남을 통해 러시아어를 공부하고 교양을 넓힐 수 있었다. 뿐만 아니라 항해를 통하여 견문을 넓혔는데 특히 러시아의 수도 상트페테르부르크 방문은 시골 소년인 최재형에게 큰 감명을 주었다. 최재형의 자녀들은 가출 이후 그의 삶을 다음과 같이 기록하고 있다.

> 선장의 아내는 소년을 불쌍히 여겨 친아들처럼 대했다. 원양 상선 선장

俄領實記 (十) 뒤바보

七、教育

『독립신문』에 연재된 「아령실기」, 재러한인 이주의 역사를 기록하고 있다.

과 그의 부인의 이름을 밝히지 못하는 것이 참으로 안타깝다. 그들은 향후 블라디보스토크를 떠났다.

선장이 소년을 데려오자 그의 부인은 소년을 잘 씻기고 선원복을 입혀주었다. 최재형은 러시아어를 몰라 애를 태웠다. 그러나 시간이 흐르는 동안 최재형은 러시아말을 꽤 하게 되었고, 책도 제법 읽게 되었다. 서양문명도 파악하게 되었다. 선장의 아내는 인텔리로서 소년에게 러시아어뿐 아니라 유럽의 문화와 인간에 필요한 학과목 등을 가르쳐주었다. 최재형도 열심히 공부하였다. 향후 그들 사이는 친부모 자식 같은 사이가 되었다. 세월은 흘러 최재형은 러시아말을 유창하게 하게 되었고, 또 중국어까지 배우게 되었다. 결국 이로써 최재형은 헐벗고 굶주린 소년에서 유식한 인텔리가 되었던 것이다. 선원 생활을 통해 그는 상당히 많은 것을 알게 되었다. 외국 체류 시 그 나라 사람들의 생활도 알게 되었고, 상트페테르부르크 체류 시에도 많은 것을 배우게 되었다. 그가 6년 동안 상선대에서 일하면서 블라디보스토크와 상트페테르부르크를 오간 거리를 합하면 세계를 거의 두 번이나 돈 셈이 된다. 상트페테르부르크를 두 번째 방문할 때 그의 나이 17세였다. 그는 선원들과 여러 항구에 들를 때마다 세계의 다양한 사람들의 생활을 익힐 수 있었다.

6년 동안의 선원 생활을 통해 그는 러시아어와 러시아인들의 생활 방식을 익혔을 뿐 아니라 견문도 넓혀 러시아에 정통한 청년으로 성장했다.

1877년 항해에서 돌아온 그는 열일곱 살 때부터 블라디보스토크에 정착했다. 선장의 배가 낡아서 더 이상 항해를 할 수 없었기 때문이다. 선장은 최재형을 무역회사를 경영하는 자신의 친구에게 소개해주었다. 그는 블라디보스토크에서 조그마한 상점을 열어 4년 동안 장사에 대한 많은 일들을 배웠다. 블라디보스토크에서의 생활은 앞으로 최재형이 블라디보스토크와 얀치혜 등지를 중심으로 생활해나가는 인적기반, 특히 러시아인들과의 유대 관계를 돈독히 하는 데 중요한 토대가 된다. 특히

최재형이 방문한 상트페테르부르크의 카잔성당(위)과 여름궁전

배에서 보낸 6년 동안의 생활은 러시아 상인들과 밀접한 관계를 맺는 데 큰 도움이 되었다.

얀치헤로의 귀향과 재러한인사회에서의 지위 구축

블라디보스토크에서 어느 정도의 자산을 모은 최재형은 부모님과 형을 생각했다. 그는 1881년 포시에트 구역에 가서 아버지와 형의 거처를 수소문했고, 그 결과 그들을 안치헤에서 찾아냈다. 노보키예프스크에서 3~4뵤르스타(1뵤르스타는 1.067킬로미터) 떨어진 곳에 위치해 있는 얀치헤는 한인들이 다수 거주하고 있는 곳이다. 1890년에 이 지역을 방문한 영국의 비숍 여사는 이곳의 주변 상황을 다음과 같이 묘사하고 있다.

> 평평한 지역은 깊고 비옥한 검은흙으로 이루어져 있어서 모든 곡식과 식물들이 매우 잘 자란다. 모든 곡물들이 여기 모여 있고, 땅은 깨끗하게 경작되어 있었다. 이 지역에 위치하고 있는 한국의 촌락들은 한국에서라면 매우 강력한 지배계층의 저택일 집이 많았다. 한국인 촌락은 그 지역 주위에 산재하고 있었다. 큰 부류에 속하는 촌락들은 보통 92만 평의 비옥한 농지를 가지고 있으며, 그런 땅에 보통 140여 세대가 거주한다.

비숍 여사도 지적하고 있는 바와 같이 얀치헤는 토질이 좋은 곳이었다. 따라서 최재형은 블라디보스토크에서 번 돈을 가지고 그곳에 개인 농장을 만들어 농사일에 전념했다.

블라디보스토크의 항구와 시가지

한편 최재형은 조선과 중국, 중국과 러시아와의 국경지대인 얀치혜에서 18세인 1878년부터 러시아 병영의 통역으로 일하기도 했다. 왜냐하면 그는 이 지역에서 처음으로 러시아어 학교에 입학한 인재로서 러시아어에 능통할 뿐 아니라 다년간의 해외 선상 생활을 통해 러시아의 문화에도 대단히 익숙했었기 때문이다. 즉 당시 얀치혜 지역에는 최재형처럼 러시아에 대해 잘 알고 있는 인물이 없었다. 그 후 최재형은 러시아 해군 소위, 경무관의 통역 등 러시아 군부와 치안 당국의 통역으로 일하면서 이들의 신임을 얻게 되었다. 앞서 언급한 바와 같이 박은식도 그의 저서 『한국독립운동지혈사』에서 "러시아의 문물에 익숙하여 러시아 관원의 신임을 얻었으므로 우리 겨레의 노동자를 많이 비호하였다. 두 번이나 러시아의 수도 페테르부르크에 가서 러시아 황제를 뵙고 훈장을 받았으며"라고 밝히고 있다.

여러 사람의 신망을 얻은 최재형은 얀치혜남도소의 러시아어 서기로 뽑혔다. 그리하여 3년 동안 문서정리와 사무처리를 하면서 많은 경험을 얻었다.

1884년 연해주 당국은 군사적인 목적으로 조선 국경까지 군사도로를 개설하려 했다. 그 도로는 블라디보스토크–라스돌노예–자나드워롭카–바라바시–슬라비얀카–노보키예프스크–크라스노예 촌을 경유 연결하는 군용도로였다. 이 군용도로를 건설하는데 러시아어에 능통한 최재형이 통역원으로 동원되었다. 그들은 1884년 최재형에게 영군 300명을 거느리고 얀치혜에서 멍고개까지 도로를 건설하도록 했다. 그 당시 도구라고는 삽, 곡괭이, 담가 등 밖에 없었기 때문에 도로건설은 노

얀치혜 전경

동자들에게 매우 힘든 작업이었다.

특히 통역을 맡고 있는 통사通辭들은 조선인 노동자의 입장을 대변하기보다는 오히려 자신의 부를 축적하기에 급급했다. 『아령실기』에서는 통사들의 행위에 대해 다음과 같이 묘사하고 있다.

> [통사는] 러시아어를 아는 사람의 칭호인데, 그 종류의 구별이 적지 않다. …… 화차나 윤선輪船이나 그나마 어떠한 노동장이든지 그들의 폐단을 이루 말할 수 없다. 어느 방면으로 보든지 자기 동포에게 이익을 준 것이 10분이라면, 해독을 끼친 것은 100분이 된다. 그네들이 배운 것은

바라바시

슬라비얀카

러시아어뿐, 본 것은 러시아 풍속뿐, 아는 것은 사사로운 이익뿐 그런 까닭에 조국 문명을 경시하고, 또 동포를 초개草介로 여기는 일이 많았다. 러시아어를 모르는 토공들은 청부인들의 불공정한 행사를 알면서도 항의하지 못하는 상황이었다.

이처럼 일반적으로 다른 통역원들이 노동자를 속이는 등 부당한 행위를 하는 것과 달리 최재형은 청부인과 토공 간에 충돌이 발생하면 항상 토공 편에 섰다. 노동자들 가운데 일을 마치고 향촌에 귀향한 농민들은 모두 최재형의 인간성, 정당성에 대해 칭찬을 아끼지 않았다. 결국 최재형은 도로건설에 관여하는 등 통역으로 10년 동안 일하면서 많은 조선인들과 가까워졌으며, 그들의 신임도 얻게 되었다.

한인들은 '최 표트르'의 애칭인 '최 페트카'를 부르기 쉽게 '최 비지캐'라고 불렀다. 부역을 끝내고 집으로 돌아간 한인노동자들의 입을 통하여 그의 이름은 한인들 사이에 널리 알려지게 되었다. 더구나 최재형은 1888년 도로건설에서의 노고를 높이 평가받아 러시아 정부로부터 은급훈장을 수여받았다.

러시아 행정제도 변화와 한인의 지위

러시아 정부는 19세기에 새롭게 점유한 시베리아 지역을 동시베리아 정구政區와 서시베리아 정구로 나누어 총독을 두고, 관할 구역은 주와 도로 나누어 여기에 군무지사 또는 지사를 두어 총독에 예속시키는 제도를 시행하였다.

1883년에 이르러 서부 총독정구를 폐지하였으며 이를 독립된 주와 도로 변경하여 러시아에 직속시키고 동부 총독정구는 두 개의 구로 분할하였다. 즉 동시베리아 총독정구와 헤이룽 총독정구로 이분하였는데, 연해주와 아무르주를 합쳐서 프리아무르주라고 통칭하였다. 그리고 아무르 총독정구는 총독이 하바롭스크에 있었으며 프리모르스키주, 아무르주, 자바이칼주, 사할린주 등으로 이루어져 있었다고 한다. 프리아무르주는 러시아제국에서 파견된 총독의 지배를 받았다. 총독은 군대통수권을 포함한 일체의 정무권한을 위임받았던 행정관이자 군사령관으로서 절대권한을 행사하였다. 따라서 이주 한인들은 총독의 견해와 정책에 커다란 영향을 받았다.

한편 극동지방의 행정편제는 1894년에 자바이칼 지방이 동시베리아 총독의 관할에 귀속됨으로써 분리되었다. 극동 변강의 행정책임자는 총독이었으며, 각 지방의 책임자는 군무지사로 불렸고 그 밑에 군·면에 해당하는 행정 단위로 우에즈드·볼로스트 등이 있었다.

1884년 러시아 당국에서는 농촌부락이 많이 생겨남에 따라 행정구역을 개편하여 새로운 읍을 만들었는데 얀치헤를 소재지로 한 읍도 형성되었다.

1876년 개항을 거쳐 1884년에 조로수호통상조약이 체결되었다. 이를 계기로 최초로 한인이주에 대한 법적 문제가 거론되어 지금까지 방임상태에 있었던 이주 한인들이 생명과 재산의 안정 및 보호를 받을 권리를 갖게 되었다. 그러나 노령 지역의 한인들의 법적 지위가 확정된 것은 1888년 조로육로통상장정의 체결에 이르러서였다. 이에 따라 노령의 한인들은 세 그룹으로 구분되어 1884년 6월 25일 조로수교가 이루어지기 전에 노령으로 이주한 한인들은 러시아 국적을 취득할 수 있게 되었다. 그리고 가족당 15데샤치나의 토지를 할당받았으며 러시아 농민과 같이 금전 및 현물 납세를 할 수 있게 되었다. 그리고 1884년 국교수립 이후에 이주하여 노령에 계속 거주하기를 희망하는 한인들에게는 2년간 기간을 주고 매년 러시아의 비자를 발급 받도록 하였으며 납세는 첫 번째 그룹과 마찬가지로 하였다. 마지막 세 번째 그룹은 변강에 일시 거주하는 자로서 정주할 자격을 갖지는 못했지만 매년 세금을 납부해야 하고 비자도 발급 받아야 했다.

그 후 1893년 두호프스키 총독은 변강의 식민화에 한인들을 동원하는 것이 유용하다고 판단하고, 한인들을 러시아화시키려 하였다. 이때 비로소 1884년 이전에 노령으로 이주해온 사람들이 러시아 국적을 취득하고 토지를 받게 되었는데 실질적으로는 1895년 9월부터 한인들의 러시아 입적이 허락되어 그해 1,500호 정도가 입적하였다. 최재형은 일찍이 러시아로 들어왔으므로 귀화가 허락되었다. 그리하여 최재형은 군인과 공무원에 등용될 수 있는 특전과 토지를 무상분배 받을 수 있는 권한을 부여받았다. 최재형 등 입적 농민들은 대개 그들의 촌락을 따로 가지고 있었는데 이를 원호촌元戶村이라고 하였다.

한편 러시아 국적에 편입되지 못한 한인이주민들은 농토를 분여 받지 못해 할 수 없이 원호나 러시아인들의 토지를 빌려 소작해야 했는데 그 조건은 매우 불합리했다. 흔히 한인들이 러시아인의 황무지를 소작지로 개간할 때, 처음 2년간은 소작료를 물지 않았지만 3~4년부터는 소작료를 납부하게 되었는데, 지방에 따라 다르지만 소작료는 대개 4할 이상이었다. 따라서 귀화하지 않은 한인들은 살기가 어려웠다. 그러므로 한인들이 러시아 국적에 편입되기 위해 러시아 관헌에게 각종 방법을 이용하여 교섭하는 사례가 적지 않았다. 이때 한인촌 자치단체의 중요임무는 외국인 신분을 가진 한인 이민자들을 러시아 국적에 편입시키는 교섭을 추진하는 것이었다. 한편 소작한인의 비율은 1905년에는 30퍼센트, 1910년경에는 70퍼센트, 1917년경에는 90퍼센트에 달했다고 한다.

1898년 총독 그로데코프도 두호프스키의 정책을 계승하여 첫 번째 그룹에 속하는 사람들 중 남은 사람들에게 입적을 허락하였고, 두 번째 그룹에 있는 사람들에게는 5년 이상 변강에 거주한 사람들에 한하여 입적을 허용하는 조처를 취하였다. 그리고 세 번째 부류의 한인들에게도 이만·호르·키·아무르 강변에 정착할 수 있도록 허락하였다. 그러나 1905년 운테르베르게르가 총독으로 부임하면서 한인들에 대한 정책이 일변하였고, 이에 한인들은 불안한 생활을 영위하게 되었다.

최초 얀치헤 도헌 임명과 재러한인사회 지도자로서의 성장

러시아 당국에서는 1895년 얀치혜 지역에 한인촌락이 다수 형성되자 얀치혜촌을 중심으로 새로운 행정단위인 군을 설치하였다. 그리고 거기에 도소都所를 설치하여 얀치혜남도소烟秋南都所라고 명명하였다. 이곳은 러시아 관원의 인허하에 이루어진 한인자치기관이라는 데 그 특징이 있다. 도소에서는 서양식 사무실인 도소실都所室을 건축하여 러시아의 인허를 받은 기관으로서의 권위를 높이고자 하였다. 아울러 도소에서는 책임자로 도헌이나 사장을 두어 각 촌락에 있는 한인을 관할하고, 모든 부세賦稅를 수납하는 일을 담당하도록 하였다. 그리고 러시아 지방당국에서는 그 책임자로 최재형을 임명하였다.

1895년 하반기에 최재형은 통역직을 사직하고 처음으로 얀치헤남도소의 도헌에 임명되어 그 후 13년 동안 도헌으로 일했다.

도헌에 선임된 해 최재형은 두 번째의 은급메달을 수여받았다. 다음 해 그는 제1차 전 러시아 면장회의에 참석하기 위하여 상트페테르부르크로 가서 알렉산더 3세의 연설을 들었다. 전국적인 차원에서 최재형이 한인지도자로서 가진 첫 번째 공식 활동이었다.

최재형이 얀치헤남도소의 도헌에 임명된 것은 상당히 중요한 의미를 갖는 것이었다.

첫째, 얀치헤남도소는 러시아가 인허한 최초의 한인자치기구이다. 이 기구의 대표인 도헌에 최재형이 임명되었다는 사실은 그가 재러한인 사회에서 큰 신망을 얻고 있었음을 반증해주는 것이라고 할 수 있다.

둘째, 무엇보다도 중요한 것은 최재형이 러시아 지방당국으로부터 가장 신임을 받고 있었던 한인이라는 점이다. 그렇기 때문에 러시아 지방당국에서 최재형을 도헌에 임명했던 것이다. 최재형은 앞서 언급한 바와 같이 한인 최초의 러시아 학교 입학생으로서 러시아에 능통한 인물이었다. 그리고 그는 고학으로 공부한 후 러시아 병영에서 오랫동안 통역으로 일했다. 이로 인해 러시아인으로부터 큰 신망을 얻게 되었고 여러 통역관들 가운데 얀치헤남도소의 초대 도헌으로 임명되었던 것이다. 따라서 최재형은 1910년경까지 얀치헤 지역의 가장 중심적인 인물로 활동했다.

도헌에 임명된 최재형은 도헌의 직무 외에 한인들의 교육활동에도 크게 기여하였다. 이를 이해하기 위해 우선 얀치헤 지역의 한인교육 상황을 살펴보기로 하자.

얀치헤 지역에 한인이 이주하기 시작한 것은 1860년대부터다. 처음에는 경제적인 여건상 제대로 교육이 이루어지지 않았다. 그러다가 러시아 지방당국에서 학교를 건립하여 재러동포들에 대한 러시아화 정책을 펴면서 본격적으로 이 지역의 한인들에 대한 교육이 시작되었다. 이러한 정책의 일환으로 지방당국은 1883년에 얀치헤 지역에 러시아어 학교를 설립하고 한인자녀를 교육하기 시작했다. 그러나 러시아화 교육은 효과적으로 이루어지지 못했다.

1883년 계미년에 러시아 학교가 처음으로 얀치헤에 설립되어 입학 연령이 된 한인자제를 모집할 때, 한인들은 이를 긍정적으로 받아들이지 않았다. 자제를 러시아 학교에 보내는 것을 기피하거나 취학시켜도 일상생활에 필요한 경우뿐이었다. 이러한 경향은 지속되어 1884년에도 한인들은 자식을 아문학교에 보내기를 꺼려하여 남의 자녀를 대신 보내거나, 읽고 있던 한문을 마저 읽히고 러시아 학교에 보내곤 했다. 그 결과 당시 얀치헤 룡명과 추풍에 설립된 러시아어 학교에서는 학생 20여 명이 공부할 뿐이었다.

그 후 1884년에 최운학, 채동성이 러시아 중학교에 입학하였고,

1895년에 이르러 비로소 최만학과 김택섭, 신익녹 등 3인이 러시아어 아문중학교에 입학하였다.

최재형이 얀치혜 지역의 도헌이 되었을 때 재러한인사회에서는 적극적인 러시아 교육이 실시되지 않는 상황이었다. 이에 러시아 학교의 최초 입학생으로서, 러시아 문물에 정통했던 최재형은 한인 동포들에게 교육의 필요성을 역설했다. 나아가 재러동포들의 교육에 적극적으로 나서 러시아 지역에서 처음으로 재러동포들을 대상으로 하는 러시아화 교육을 시작하였다.

『독립신문』 1920년 5월 15일자 「최재형의 약력」에서도 "아령에 있는 한인의 교육은 처음 씨의 편달을 받아 일어난 것이요, 씨가 거주하는 얀치혜는 아령의 한인 거주지 중 제일 먼저 러시아 교육을 받았다"라고 하여 최재형이 재러한인교육을 처음으로 강조하고 일으킨 장본인이라고 밝히고 있다.

도헌에 취임하기 전인 1891년, 최재형은 얀치혜 학교에 정교학교를 설립했는데 이는 아이들에게 러시아식 교육을 하기 위해서였다. 니콜라예프스코예 소학교라고 불린 이 학교는 한인마을에 세워진 대표적인 러시아식 한인학교였다. 최재형은 가난한 학생들을 위하여 2,000 루블을 후원했다.

얀치혜 니콜라예프스코예 소학교를 졸업한 많은 학생들은 상급학교에 진학했다. 그리고 최재형의 장학금을 받고 사범학교에서 공부한 졸업생들이 모교의 교사로 활동하거나 러시아군 장교로서 사회에 공헌하기도 했다.

러시아 정교 학교의 한인 학생들(1904년, 하싼)

러시아 정부는 이러한 공적을 인정하여 1902년 교회헌당식이 거행되었을 때, 최재형에게 금메달 훈장을 수여했다. 또한 니콜라예프스코예 소학교는 1899년 하바롭스크에서 개최된 박람회의 교육부분에서 장려상을 수상하는 등 연해주 내 최우수 소학교로 평가받았다.

최재형은 교회와 학교 건물 외에도 학교 교사와 정교회 사제를 위한 건물을 지었다. 얀치헤 마을 입구에 세워진 이들 건물은 벽돌로 지은 매우 견고하고 넓은 것이었다. 1895년 도헌에 임명된 직후 최재형은 향산사에 러시아 정교회와 학교를 설립했다. 또한 얀치헤에 우신학교를 설립하고 교장으로서 학교운영을 담당했다. 그 후 그는 한인들이 거주하

노보키예프스크의 학생들

는 지역마다 교구학교를 설립하였고, 그 결과 1890년대 말 연해주 지역 32개 한인마을에 러시아 소학교가 설립되었다.

그 후 최재형은 얀치헤에 고등소학교(6년제)를 설립하여 학생들의 교육에 진력하였을 뿐 아니라 고등소학교를 성공적으로 졸업한 학생들 중 우수한 학생들을 골라 블라디보스토크·우수리스크·블라고베셴스크·이르쿠츠크·톰스크 및 기타 지역에 유학하도록 하는 데 일익을 담당하였다. 특히 그는 3,000원의 봉급을 전부 은행에 맡기고 그 이자로 매년 한 명씩 러시아에 유학생을 파견하였다. 그 결과 다수의 학생들이 러시아로 떠났는데, 대표적인 인물로는 한명세·김 미하일 미하일로비치·

최 레프 페트로비치·김 로만 이바노비치·김 야코브 안드레예비치 등을 들 수 있다.

그 후 최재형은 재러동포들 사이에 그 이름이 더욱 널리 알려졌으며 러시아인들 가운데도 명망이 높아져 한인과 러시아인 사이에 그의 이름을 모르는 사람이 없을 정도가 되었다.

그러나 최재형이 헌신적으로 전개한 재러동포들에 대한 교육사업은 그와 동포사회의 지원만으로는 턱없이 부족하였다. 이에 최재형을 중심으로 한 한인들은 교육사업을 원활히 전개하기 위한 기금을 마련하기 위해 러시아 극동 주둔 러시아 육군 및 해군에 식량·군복·건재 등을 공급하는 회사를 설립하고자 했다. 당시 러시아 정부는 극동의 방위력 증강을 목표로 이 지역에 많은 군대를 파견하여 막사를 짓는 등 군대 유지를 위한 다양한 사업을 시작하고 있었다. 이 지역의 도헌으로서 러시아 당국의 깊은 신뢰를 받고 있던 최재형은 회사를 설립하고 러시아 군대의 군납업자로 사업을 시작하였다.

생각보다 사업이 잘되자 최재형은 한인들 마을에 새로운 학교를 설립하기 시작하였다. 그리고 우수한 젊은이들을 시베리아·카프카즈·크림 등 러시아의 여러 지역에 유학을 보냈다. 이에 따라 유학생 수가 해마다 증가했다. 나아가 1900년대 초에 얀치헤에 6년제 중학교를 설립하기에 이르렀다. 그리고 이 학교의 첫 졸업생들을 러시아 중부지역의 교육기관에 보내 계속 공부할 수 있도록 하였다.

최재형은 교육 외에도 관상목과 유실수를 많이 심어 한인마을을 녹화시키는 데 깊은 관심을 갖고 있었다. 이를 위해 그는 1884년 집을 서양식으로 개조하고 한국인으로서는 처음으로 화원을 만들었다. 그리고 1890년에 주민들과 함께 노보키예프스크에 처음으로 공원을 만들었으며 그 후 니콜스크에 공원을, 1916년 슬라비얀카촌에 문화휴식공원을 만들기도 하였다.

한편 최재형은 포시에트촌이 크림반도와 같은 위도선에 위치하고 있다는 점에 착안하여 크림반도에서 장미과 식물을 실어와 촌락들에다 심도록 권장했다. 그 당시 슬라비얀카 항구에 러시아 군함들이 집결했었는데, 늦여름이면 해군 장교들이 딸기 등 장미과 열매를 많이 사곤 했다.

한편 최재형은 농장의 수익을 증진하기 위하여 농민들에게 가축과 가금을 많이 사육하도록 하였다. 그리하여 소·돼지·닭 등 가축사육운동이 활성화되었고, 이에 따라 농민들의 생활수준이 한층 높아졌다. 또한 그는 가축개량사업에도 관심을 기울였다. 구체적으로 소의 종축개량에 주목하여 무게가 많이 나가고 우유를 많이 생산하는 소를 길러내고자 하였다. 최재형이 이 사업에 주력한 이유는 얀치혜 등 러시아 극동지역에 다수 주둔하고 있는 러시아 군대가 고기와 우유를 많이 필요로 했기 때문이었다.

한편 그는 농민들에게 농사와 가축치기 외에 계절어업을 하도록 권장하였다. 당시 연어알은 러시아인들이 빵과 함께 먹는 주요 식품으로 농민들에게 큰 수입원이 되었다. 이에 농민들은 연어의 산란 계절이 오면 연해주 강으로 거슬러 올라오는 연어를 잡기 위해 노력했다. 그들은 한인촌마다 10~15개 그룹을 편성하여 가까운 항구로 나가 강 하구에 그물을 쳤다. 보통 가을 어로 기간은 10~14일간 계속되었다.

자산가로 성장하다

1896년 2월, 최재형이 러시아에서 도헌으로 활동하고 있을 무렵, 조선에서는 국왕이 러시아 공사관으로 피신하는 사건인 아관파천이 일어났다. 명성황후 시해사건 후 불안에 떨고 있는 고종과 친일내각을 타도하려는 친로파 이범진 등이 서울주재 러시아 공사 베베르와 공모하여 고종을 러시아 공사관으로 이어하도록 한 사건이었다. 이때 역적으로 지목된 친일내각의 김홍집과 어윤중은 민중들에게 살해되었고 유길준 등은 일본으로 망명하였다. 그리고 새로이 이범진·이완용 등 정동파가 친로내각을 성립했다. 이후 약 1년간 고종은 러시아 공사관에서 러시아 군대의 보호를 받는 처지가 되었고, 자연히 정부는 러시아의 간섭을 받게 되었다.

이처럼 조선이 러시아의 영향권 아래 들어가게 됨에 따라, 조선 정부는 러시아어 통역관들을 필요로 하였다. 따라서 연해주 지역에 살고 있는 조선인들이 주목받기 시작했다. 이에 러시아의 얀치헤와 추풍 일대에 거주하고 있던 한인 청년 52명을 불러들여 모두 통역관에 임명하고 월급을 후히 주었다. 그중 대표적인 인물로는 김홍륙을 들 수 있는데, 추풍 사람인 그는 러시아 대사관 통역으로서 고종의 은총을 받아 학부대신으로 귀족원경이 되었다. 그 외 김도일·유진률·홍병일·채현식·김승국·김인수·김낙훈·황두진 등은 모두 중앙의 벼슬을 제수 받고 그 조상까지 증직되었다. 그 이후 얀치헤와 추풍 일대에는 참봉·주사·의관·참서관·통정 등 한국의 벼슬 직함을 가진 인물들이 다수 등장하게 되었다.

고종이 피신했던 러시아 공사관

이처럼 러시아어에 능통했던 인물들이 국내로 초빙되고 있던 때, 최재형에게도 제안이 왔다.

리태왕 전하께서 을미년에 로국영사관으로 파천하신 후 널리 로만 국경에 정통한 인재를 기르실세 최씨가 뽑히어서 하루 빨리 귀국하여 국사를 도우라는 조서가 수차례나 내려왔으나 무슨 생각이 있었던지 굳게 움직이지 아니하였으며 ……

–『동아일보』 1920년 5월 9일자

니콜라이 2세의 대관식이 거행된 정교사원

『동아일보』 기사를 보면 당시의 상황을 알 수 있다. 그러나 얀치헤 지역의 도헌에 막 임명되었던 최재형은 국내에 들어오지 않고 계속 얀치헤에서 도헌으로 일했다.

그러던 중 1896년 5월 13일 최재형은 페테르부르크에서 개최되는 니콜라이 2세의 대관식에 참여하여 황제가 직접 하사하는 예복을 받게 되었다. 이는 러시아에 살고 있는 한인으로서 누릴 수 있는 최고의 영예였다. 아울러 러시아 정부로부터 훈장도 받았다. 이후 최재형에 대한 러시아 정부의 신임은 더욱 두터워졌고, 한인사회에서 그의 권한과 신망은 날로 높아졌다.

최재형은 재러동포들에게 유익한 일들을 하기 위해서는 무엇보다도 물질적인 지원이 있어야 함을 깨달았다. 이에 그는 1890년대 하반기 통역 일을 그만두고 건설청부업과 상업활동을 전개하기 시작하였다. 최재형이 도헌으로 활동하고 있던 얀치헤 지역은 조선·중국·일본과 관련된 러시아의 주요 군사지점으로서 다수의 러시아 군대가 주둔하고 있었다. 따라서 이들을 수용할 막사 등의 건축물과 이들이 거주하는 데 필요한 연료와 상품 그리고 이들을 먹일 육류의 공급이 절대적으로 필요했다. 비숍 여사는 얀치헤와 접해 있는 포시에트를 다음과 같이 묘사했다.

니콜라이 2세

> 포시에트 만은 크고 멋진 막사와 창고가 있는 하나의 큰 군사 역사驛舍였다. 여기에 시민은 없는 것 같았다. 그러나 그 크지 않는 거리에도 한인 정착민들이 있었다. 이 한인들이 블라디보스토크에 공급되는 육류의 대부분을 책임지고 있었다. 강인하고 건강해 보이는 수많은 한인들을 만났는데, 그들은 60마리의 멋진 살찐 가축들을 증기선이 있는 항구로 몰고 가고 있었다.

그녀는 포시에트에 거주하고 있는 한인들이 블라디보스토크 육류의

1900년대 초의 포시에트

대부분을 책임지고 있음을 밝히고 있다. 또한 얀치혜가 군사도시이며, 한국인이 이 지역에 필요한 상품 연료 등의 운반을 모두 담당하고 있고, 한인들이 러시아 군대에 육류를 판매하며 부를 축적해 가는 모습을 다음과 같이 묘사했다.

포시에트 만과 노보키예프 사이에는 1만 명의 보병대와 포병대가 있고, 노보키예프에는 포병대 중 8개 중대와 두 개의 바퀴가 있는 24대의 군용마차가 있었다. 현재 노보키예프에는 1만 명 이상의 병사들을 위한 막사가 급속하게 지어지고 있었다.

나는 그곳에서 남쪽으로 여행 갈 준비를 하며 사흘 동안 체류했다. 그 시간 동안 프랑스어를 하는 경찰서장이 나를 몇몇 한인의 마을로 데려다주었다. 그 마을의 모든 농업 인구는 한인이며, 이들은 매우 번영하고 있었다. 거기서 조선의 국경 쪽으로 내려가면서 나는 대다수의 한인 개척자가 일을 잘하고 있으며, 그들 중의 몇몇은 러시아 군대에 육류를 계약 판매함으로써 부를 키워가고 있음을 볼 수 있었다. 이러한 점에서 한인은 중국인을 능가하고 있었다. 한인들은 능동적으로 중국령 만주로 가서 여윈 동물들을 싼값에 매입해서 살을 찌워 비싼 값에 되판다.

바로 이 얀치혜 지역에서 1890년대에 육류판매업 등으로 큰 부자가 된 인물이 최재형이었다. 아울러 그가 자산가로 성장하는 데는 한 바실리 루키츠, 한 엘리세이 루키츠 형제와 김 표트르 니콜라예비치, 최 니콜라이 루키츠 등의 도움이 컸다.

한편 최재형은 극동에서 발생한 두 가지 사건을 통해 큰 부를 얻었다. 즉 1900년의 의화단사건과 1904년 이후의 러일전쟁 등 전쟁의 발발은 물품 운빈, 육류 보급, 막사 건축 등에 종사하는 한인들에게 큰 부를 가져다주었다. 먼저 1900년 청국에서 의화단사건이 발발하여 곧 러시아가 청국을 침범하자 군수품 운수사업에 종사하면서 재산을 모으는 한인들이 생겨났다. 그 대표적인 예가 지신허의 한익성과 블라디보스토크의 최봉준이었다. 그들은 1904년 러일전쟁이 시작되자 의화단사건 때처럼 군대에 물품을 납품하여 큰 재산을 모을 수 있었다.

최재형 역시 최봉준과 마찬가지로 의화단사건·러일전쟁 등을 계기로 큰 부를 축적했다. 즉 러시아 황제의 대관식에 참여한 이후 최재형은 얀치혜 군대의 어용상인으로서 우육牛肉 등을 납품하여 엄청난 자산을

최봉준의 배와 그의 딸 최안나

블라디보스토크에 있는 쿤스트 앤드 알베르스 회사 건물

모으게 되었던 것이다.

한편 최재형은 마을 사람들의 편의와 포시에트 지역의 상업 발전을 위해 노력했다. 즉 그는 추린·쿤스트 앤드 알베르스·피얀코프·마르코프 등의 회사를 유치했다.

03 연해주에서의 의병활동과 애국계몽운동

최재형의 의병조직 배경

1904년 2월 일본의 뤼순에 대한 기습공격으로 러일전쟁이 발발하자 간도 지역에서 관리사로 활동하고 있던 이범윤은 러시아 아니시모프 장군의 부대에 편입되어 특별조선인중대를 훈련시켰다. 그리고 함경도 일대의 산포수가 중심이 된 민간인 군인인 충의대를 이끌고 함경도 지방으로 들어가 러시아군과 함께 항일전을 전개하였다.

한편 러시아 거주 한인들은 함경도 지역에서 러시아 군인들을 위한 군수품 운반에 참여했다. 당시 러시아 군대는 조선 북부지역에서 많은 전투를 벌였으며 이때 군수품은 주로 인근 지역에서 조달하였다. 즉 얀치헤와 함북 경성 그리고 성진에 있는 상점들을 이용하였다.

러시아 군대가 함경도에 출병하자 재러동포들은 통역으로서 러시아 군대가 일본 군대를 효과적으로 퇴치할 수 있도록 도와주었다. 그 대표적인 인물로는 김인수·김도일·김상헌·유진률·윤일병·구허성·황병

황병길과 이동휘

길·엄인섭 등을 들 수 있다. 여기서 우리의 주목을 끄는 것은 러일전쟁 시 통역으로 참여했던 인물들 가운데 다수가 후에 항일운동을 전개했다는 점이다. 유진률·윤일병·황병길·엄인섭 등이 그 대표적인 인물이며, 그중 엄인섭과 유진률은 최재형과 긴밀하게 협조하며 활동했다. 이처럼 러일전쟁에 관여했던 인물들은 일본에 대해 강한 거부감을 갖고 있었다. 그리고 그들은 함경도 지방에서 러시아군 통역과 간도관리사로 일하다 러시아로 망명하게 되는 이범윤과 접촉하게 된다.

러일전쟁이 발발하자 최재형 역시 전쟁에 참여했다. 그의 딸 최 올리가는 부친이 러일전쟁에 적극 참전했다고 밝히고 있다. 하지만 그의 구

박영효

체적인 활약상에 대해서는 알려진 바가 없다. 다만 얀치헤 지역의 도헌이라는 지위와 당시 나이가 45세였다는 점 등을 고려해볼 때 그가 직접 전투원으로 참여한 것은 아닌 것 같다. 다른 재러한인들과 마찬가지로 통역과 물품공급을 담당하는 등 이익을 추구하는 상인으로 참전했다고 보는 것이 자연스러울 것이다.

이때 최재형은 러시아 군부 내에 인적 기반을 마련하는 한편 전쟁에 참전했던 이범윤과 만나 근대적 민족의식이 싹트는 계기를 마련했다.

최재형은 러일전쟁 후 1905년 말에 블라디보스토크로 돌아왔다. 그는 전쟁에서 일본이 승리하자 큰 충격을 받았다. 더구나 을사늑약의 체결로 인해 조선이 일본의 보호국이 되자 더욱 경악을 금치 못했다. 이에 일찍부터 러시아의 각 지역에서 견문을 넓혔던 최재형은 일본을 방문하여 실상을 파악하는 한편 당시의 국제정세를 보다 분명히 이해하고자 하였다.

그러한 때에 평소 '유신개혁 인물로 외국에 망명하여 세계정세를 통관하는' 인물로 알고 있던 박영효로부터 두어 번 일본으로 올 것을 요청받았다. 이에 최재형은 일본 도쿄로 향했다. 반 년 동안 체류하면서 최재형은 일본의 발전된 모습을 보고, 세계정세의 흐름도 파악했다. 또한 그는 항일인사인 박영효와의 만남을 통해 국가의 위급함을 절실히 깨닫고 이에 민족을 위하여 노력할 것을 서약했다. 일본에서 돌아온 최재형은 적극적으로 국권회복운동에 나섰다. 교육의 필요성을 절실히 느낀 그는 블라디보스토크에 계동학교를 세워 민족교육에 헌신하는 한편 간도관리사였던 이범윤과 연락하여 함께 국권회복을 위해 힘썼다.

한편 러일전쟁에 참전했던 이범윤은 1905년 11월 초 함경도 무산·회령·종성·온성·경원 등지를 경유하여 훈춘 부근에 잠시 머물렀다가 1906년 초 다시 청의 퇴각요구로 부하들을 이끌고 얀치혜로 들어가 정착하게 되었다. 그 후 만주군 총사령관이었던 리네비치 장군을 방문하여 러일전쟁에서 공로를 세운 대가로 약 200~500명 정도로 추정되는 군인과 가족을 포함한 약 1,000명의 한인들에게 토지를 분배해줄 것, 무상으로 거주권을 발급해줄 것을 요청했다. 그러나 일본과의 외교적인 마찰 등을 우려한 러시아 당국은 그의 요청을 호의적으로 생각하지 않았다. 이러한 때에 이범윤은 최재형을 찾아갔다. 당시의 상황에 대한 일본 쪽 보고를 살펴보자.

> [최재형은] 일찍이 러시아파라고 칭하는 이범윤이 간도관리사가 되어 마패를 가지고 부임하자 러일전쟁 이후에는 이를 받아들여 식객으로 삼고 ……

이처럼 최재형은 자신을 찾아온 이범윤을 식객으로 대접하는 한편 이범윤 부하들의 편의를 봐주기 위하여 재러한인들에게 의복과 식량 등을 지원해줄 것을 요청하는 신임장을 제공하는 등 이범윤에 대한 지원을 아끼지 않았다. 또한 이범윤이 각지를 순회하며 재러동포들에게 민

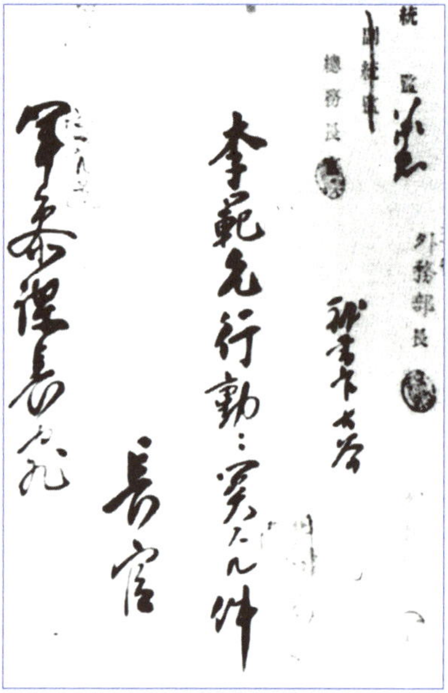

李範允行動ニ関スル件

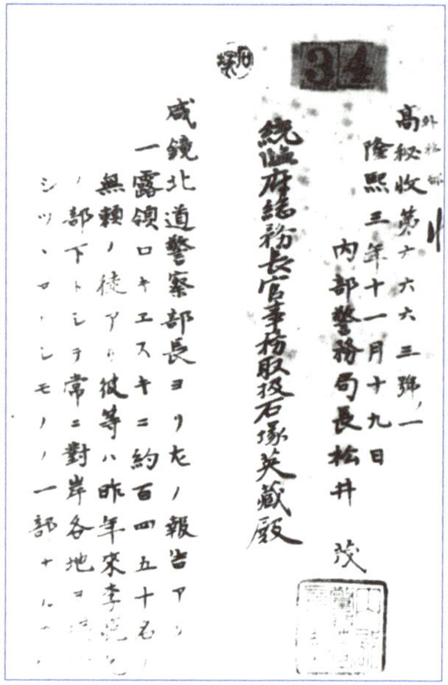

高秘收第六六三號ノ一
隆熙三年十一月十九日
内部警務局長 松井 茂
統監府總務長官事務取扱石塚英藏殿
咸鏡北道警察部長ヨリ左ノ報告アリ
一 露領ロキエスキニ約百四五十名ノ
無頼ノ徒アリ彼等ハ昨年來李範允
ノ部下トシテ常ニ對岸各地ヲ

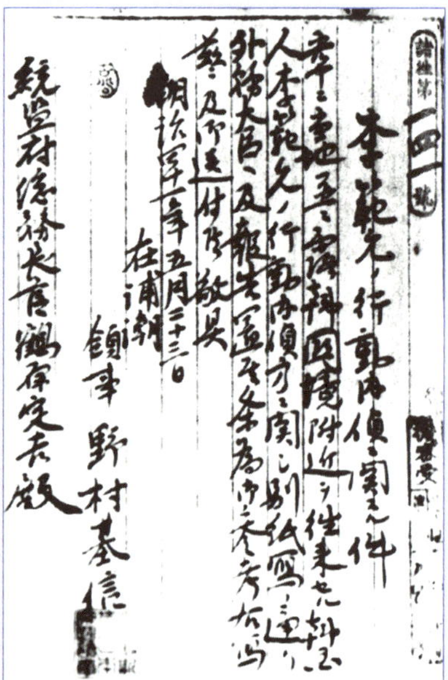

李範允ノ行動内偵ニ関スル件

明治四十二年五月二十三日
在浦潮
領事 野村基信
統監府總務長官 殿

일제 통감부의 이범윤 활동보고서

족의식을 고취시키고 의병부대 조직을 위한 군자금을 모금하는 데도 적극 협조하였다. 그 결과 연해주의 한인들은 이범윤에게 많은 자금을 의연하였고, 의병모집에도 응하였다. 그리고 이를 바탕으로 두 사람은 최재형의 근거지인 얀치헤에서 의병부대를 조직하였을 것으로 생각된다. 이 부대는 기본적으로 이범윤과 함께 러일전쟁에 참여한 후 훈춘을 거쳐 얀치헤로 이동한 충의대 세력이 핵심을 이루고, 재러동포들은 주로 이들의 휘하에서 활동했다. 당시 이범윤은 자신이 조선 국왕의 대리인임을 강조하면서 최재형의 적극적인 지원을 얻고자 했다. 이는 이범윤이 동포들에게 보낸 통문을 통해서도 잘 알 수 있다.

> 대황제 폐하께옵서 나를 북간도관리사로 임명하셨다. 따라서 나는 하바롭스크 순무사와 교섭하고 각 지역에 창의서라는 단체를 조직해 대한독립을 회복할 터이니 강동의 여러 동포는 주의하여 조국을 회복하오. 선릉先陵노 대한강산이오. 인종도 대한인이니 아무리 타국에서 포식한들 어찌 조국을 모르리요. 차후로 조선인 홍범도를 의병대장으로 하고 그에게 자금과 무기를 모을 것을 지시했다. 모든 조선인은 그가 무기와 탄약을 구하는 일에 순응해야 할 것이다.
>
> 연해주 지방의 모든 조선인은 우리의 목적을 달성하기 위해 연합해야 한다. 조국을 구하는 데 큰 공을 세우는 자는 조선으로 돌아가는 대로 큰 상을 받게 될 것이다. 황인은 언제나 황인이며, 남의 나라에 아무리 오래 살아도 백인이 될 수 없다는 점을 명심하라.
>
> –단기 4201년 8월 20일 판무관 이범윤

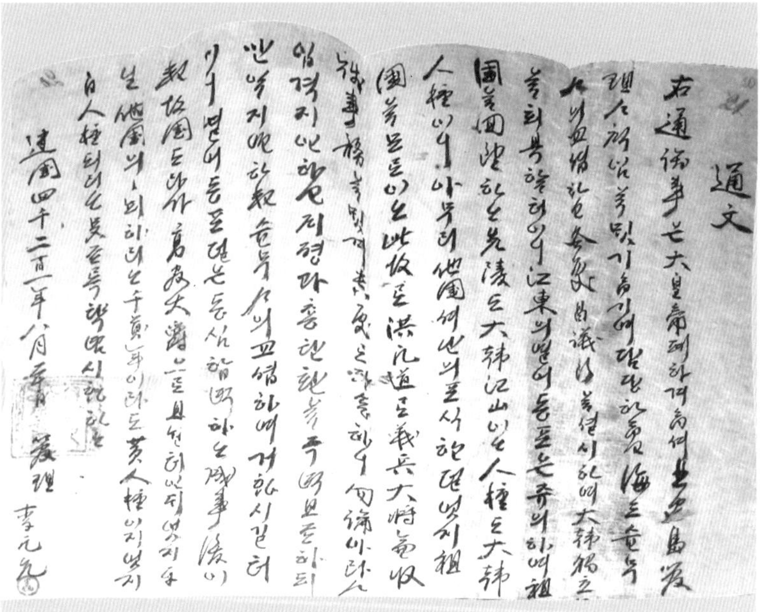
通文

이범윤 통문

아울러 이범윤이 연해주에서 의병활동을 전개하고 있던 김병연에게 보낸 한글 편지 속에서도 이를 짐작할 수 있다.

귀하의 편지는 잘 받았습니다만 직접 만나 뵙지 못하는 점 매우 안타깝게 생각합니다. 저의 일은 예전과 다름없이 진행되고 있습니다. 창의서의 일은 어떻게 되어 가는지 전하여 주십시오. 귀하의 명성은 극동 전역에 퍼져 있습니다. 대업을 조만간 완성하기 위해 저는 귀하께 큰 기대를 걸고 있습니다. 저는 이곳 하바롭스크에서 주지사와 친교를 맺고 있습니다. 아직 자세하게 밝힐 수는 없지만 무기에 관하여 러시아 관리들과 협상을 진행하고 있습니다. 물론 비밀리에 진행하고 있습니다. 그러나 안타깝게도 저는 자금이 부족한 상태입니다. ……

– 1909년 음력 9월 8일 이범윤

이범윤은 조선 국왕의 대리인으로 행동하는 동시에 하바롭스크 지사 등 고위 책임자들과의 교분을 강조하며 러시아 지역의 한인들에게 국권회복운동에 적극 동참할 것을 요청했다. 참전하면 국내로 돌아가서 포상할 것임을 천명하고 있었다.

이와 같이 이범윤이 국내의 거물로 행사했기 때문에 최재형은 깍듯하게 예의를 갖추고 그를 적극적으로 지원했다.

최재형은 자산가이자 러시아의 한인지도자였으나 조선의 노비출신에 불과했다. 그러므로 그는 이범윤에게 큰 기내를 걸었다. 특히 그는 조선에서의 벼슬을 기대하기도 했을 것이다.

최재형이 이범윤에게 호감을 가진 것 외에 당시 국경지대에 수천 명의 러시아 패전군인들이 일본게 적대적인 입장을 취하고 있었다는 점도 의병조직에 도움을 주었다. 러일전쟁에 참전한 러시아군은 전쟁 이후 파면 또는 해산되었을 뿐 아니라 봉급도 받지 못해 생계가 어려운 처지에 놓였다. 그러므로 그들은 자신들의 입지를 회복하기 위한 방편으로 한인의 의병결성을 촉구하거나 후원하는 입장이었다. 그러므로 연해주 의병은 이와 같이 어려운 입장에 처해 있던 패전 러시아 군인들로부터 상당수의 무기를 저가로 구입하거나 지원 받을 수 있었다. 러시아군

이범진과 그의 아들 이위종

과 가까이 지냈던 최재형이 저렴한 가격으로 무기를 구입하는 데 앞장섰다.

최재형은 이범윤과 힘을 합하여 의병부대를 조직하고 곧바로 국내진공작전을 전개하지 않았다. 그는 국제적인 안목을 갖고 있었을 뿐 아니라 상인으로서 누구보다도 이해에 밝은 인물이었다. 그러므로 직접적인 무장투쟁을 주장하는 이범윤과는 달랐다. 이범윤은 바로 의병부대를 조직하여 국내진공작전을 전개하고자 했다. 그러나 최재형은 국내에서 의병활동이 전개되기를 기다렸다. 아울러 재러동포들의 여론 또한 고려하지 않을 수 없었다. 즉 최재형은 무기구입과 군자금 모금 등이 어느 정도 이루어진 상태에서 적당한 시점을 잡아 의병운동을 전개하려 했다.

때문에 그는 1907년 헤이그밀사사건, 군대해산 등이 일어난 다음 해에 본격적인 의병활동을 전개했다.

한편 최재형은 이범윤을 통하여 주러한국공사 이범진과도 연락했다. 당시 이범진은 재러동포들을 바탕으로 러시아의 힘을 빌려 조선의 국권을 회복하고자 하였다. 그래서 이범진은 러일전쟁 이후 이범윤에게도 여러 차례 편지를 보냈다. 그러는 가운데 최재형 역시 이범진과 연락이 닿았다. 이범진은 편지를 통하여 중앙정계에서 최재형의 활동을 지원해 줄 것을 약속하였다. 그리고 이범진은 최재형에게 이범윤을 지원해줄 것을 강력히 요청했다. 최재형은 일본에서 박영효와의 만남을 통해 국제정세 속에서 한국이 처한 위치를 보다 분명히 파악했으며, 이범윤과의 대화를 통해 민족의식을 형성하였다. 또한 조선 정부로부터 지원에 대한 내락을 받고, 이범진으로부터는 러시아 고위층의 지원을 허락받았다. 뒤에 언급하겠지만 이범진의 아들 이위종이 그의 장인을 모시고 얀치헤까지 온 것은 그러한 점을 과시하기 위한 것이었다.

한편 재러한인 지도자들은 한인들의 계몽과 민족의식 고취를 위하여 1908년 2월에 블라디보스토크에서 『해조신문』을 간행하였다. 이에 최재형도 적극 동참해 『해조신문』에 기고하여 동포들의 계몽에 노력했다.

얀치헤 최재형

복은 초야의 일개 농부라. 세계 형편과 본국 사정이 어떠한지 귀먹고 눈 없는 사람이 되어 듣고 보기를 원하지 않더니 돌연히 블라디보스토크 지방에서 세상 사람의 이목을 깨워 총명하게 하려는 기관이 서로 낫다 함으로 그것이 무슨 기관인가 얼핏 보고자 했더니 급히 봄에 곧 『해조신문』이란 종이 한 장이라. 놀라서 열람한 즉 과연 이농증과 안흔증을 고치는 기관인지를 비로소 깨달은지라. 매일 벗을 삼아 신문을 애독하는 바, 기보 제23호에 기제한 단연동맹회의 추지를 대하여 재삼 경독하매 조는 잠을 깨닫는 듯 정신이 황연하고 마음이 상쾌하여 축하함을 마지못하노니 대개 아편의 해가 지독·지악하여 사람의 신심을 교란하고 사업을 방해하여 재산을 탕패하며 생명까지 잃게 하는 독약이라. 그러하므로 지금 청국에서도 특별이 외국과 회의하고 아편 금지하는 약조를 제정하여 일층 민간에 엄금함은 세상이 다 아는 바라. 우리 동포에도 혹 이에 빠져서 패가망신하는 자가 많으나 정부에서도 금치 못하고 부형도 끝게 못하므로 유식자의 근심이 적지 않더니 이제 여러 첨군자께서는 타인의 권고를 기다리지 않고 능히 자강력으로 동맹회를 조직하고 확연히 일도양단의 용맹을 떨쳐 자신할 기상이 발연하니 이러한 결심이 족히 조국을 흥복하고 문명에 진보하여 독립 자주할 기초가 될지라. 어찌 감사하고 환영하지 아니하리오.

복이 비록 암혈에 은거하나 조국의 동포를 위하여 깊은 마음을 이기지 못하노니 즉시 용약하고 나아가 동맹 제군자를 보고 일배주라도 서로 위로하고자 하나 다만 신상에 관계되는 연고가 있어 일장 서신으로 동정을 표하노니 아무쪼록 그 마음을 더욱 돈돈히 지키고 일심단체하여 만리전정에 사업을 발달하기를 간절히 바라노라.

–『해조신문』 1908년 4월 16일 「아편단연회의 결성을 축하하는 글」

『해조신문』에 실린 최재형의 기사

그는 강한 동포애를 보이며 아편단연회의 결성이 '조국을 흥복하고, 문명에 진보하여 독립 자주할 기초가 되는 것'으로 파악하여 독립자주에 대한 강한 의식을 보여주고 있다.

재러한인의 민족의식 성장과 동의회의 결성

일본은 1905년 11월 을사늑약을 체결하여 한국의 외교권을 박탈하였다. 아울러 1907년 6월에 헤이그에서 개최된 만국평화회의에서 고종이 파견한 이상설·이준·이위종 등 3인이 한국의 억울한 사정을 국제사회에 호소하려 하자 오히려 이를 기화로 고종을 강제 퇴위시키고 황태자로 하여금 그 뒤를 잇게 하였다. 또한 일본은 고종의 양위에 만족하지 않고 한일신협약(정미칠조약)을 체결하여 통감정치를 강화해나갔다. 그로써 통감은 한국의 내정에 일일이 간섭할 수 있는 권한을 갖게 되었다. 이어 일본은 1907년 8월에 순종의 허락을 얻어 군대를 아주 해산해버렸다. 그리고 이에 저항하는 군인들을 두 시간여 만에 전투 속에서 진압했다.

국내에서 들어오는 이러한 소식들은 재러동포들을 흥분시켰다. 특히 헤이그에서 들려온 이준의 사망 소식은 재러한인들을 더욱 격분시켰으며, 이에 한인들은 의병을 일으킬 준비를 하였다.

헤이그특사 출발 시 이준이 연해주 교포사회에 들려주었던 감동은 큰 것이었다. 그러므로 재러한인들은 이준이 분사한 후 그의 사업을 계승하기 위해 공진회를 조직하는 등 활발한 활동을 보였다.

헤이그특사(이준 · 이상설 · 이위종)

사태가 여기에 이르자 주한러시아공사 이범진은 재러동포들을 바탕으로 러시아의 힘을 빌려 조선의 국권을 회복하고자 했다. 이범진은 재러동포들에게 표면적으로 러시아인이 경영하는 하나의 신문사를 세우고 민족의식이 투철한 장지연을 초빙하여 일본의 통감정치를 공격하는 한편 의병을 조직하여 일본인을 몰아내는 데 힘써야 한다고 주장하였다. 아울러 『해조신문』이 창간되자 신문사에 편지를 보내 간행을 축하하고 독립을 위해 노력해줄 것을 간곡히 부탁하며 재정적인 후원을 아끼지 않았다.

한편 이범신은 러일전쟁 이후 이범윤과 여러 차례 편지를 주고받았다. 그 편지는 안전을 확보하기 위해 항상 연해주 군무지사의 손을 경유하였다. 편지에서 이범진은 "연해주 방면에서 두만강을 건너서 일거에 함경도를 도屠하고, 길게 몰아쳐서 한성에 들어가 승리의 노래를 연주해야 한다"라고 하였다. 또한 러시아 관헌이 항상 우리들을 후원하고 있음을 말하고, 자기가 스스로 총사령관이 되고 이범윤을 부사령관으로 하여 국내로 진공할 것임을 밝히고 있다.

아울러 이범윤이 이범진에게 엄인섭을 소개하자, 1907년 7월 10일 이범진은 엄인섭에게 다음과 같은 내용의 서신을 발송하여 의병봉기를 촉구하였다.

> 엄인섭 인형仁兄께
>
> 관리영감(이범윤 - 필자 주)의 서한을 통해 귀하의 성명과 국사에 진력하는 뜻을 매번 전해 들었습니다. 한번 만나 뵙기 희망하던 차에 다행히도 귀하가 보내신 편지를 접하여 대단한 기쁨을 감당할 수 없습니다. 그 후 더욱 건승하시어 국사에 진력하시고 관리영감에게도 안부 전해주십시오. 어쨌든 동심협력하여 열성으로 일을 처리하여 일본에 대한 원수를 갚고, 국권을 회복하고자 함을 뜻하여 밤낮으로 국사를 잊지 않았기 때문에 한심 통곡함을 참을 수 없습니다. 금후로는 때때로 서신을 통하고 싶습니다. 바라건대 귀하의 건강을 기원합니다.
>
> - 광무 11년(1907) 7월 10일 러시아력 6월 27일
>
> 이범진

한편 군대해산 후 러시아로 건너온 군인들과 연해주로 이동한 의병 세력도 이범윤을 찾아와 의병봉기를 요청하였다. 일본의 1908년 11월 26일자 첩보 보고를 보자.

> 이범윤은 얀치헤에 거주하는 굴지의 부호 최도헌, 즉 최재형(원래 경흥부의 한 빈민)이 설립한 사립학교의 교사였던 바, 작년 경성의 변에 의하여 해산된 병정 및 폭도 패주자들이 찾아와 호소하기에 이르러 최도헌 기타의 동지자도 또한 이범윤에게 폭동을 권고하고, 최도헌으로부터 군량 자금의 공급 약속을 받고, 왕년 이범윤이 태황제 폐하로부터 하사 받은 유척鍮尺, 마패를 이용하고 또 격문을 발하여 부하 최병준崔秉俊 · 박모(러시아명 알렉산드르) · 엄인섭을 각 지방에 파견하였음.

이처럼 최재형은 군대해산 이후 러시아로 망명한 군인들이 의병봉기를 권고하자 이범윤에게 의병을 일으킬 것을 권고하고, 군량 자금의 공급을 약속했다.

이에 자신감을 얻은 이범윤은 본격적으로 의병조직에 나섰다. 특히 이범윤은 1907년 말 북한 지역의 의병들이 일본군과의 전투에서 승리를 거두자 더욱 고무되었다. 얀치헤에 있던 망명집단들 그리고 전직 조선정규군과 40명의 전직 의병들 또한 크게 고무되어 술렁거리기 시작했다. 이들은 당시 최재형이 기부했다고 알려진 1만 루블의 군자금이 있었고, 국내진공작전의 행동계획도 가지고 있었다. 그리하여 1908년 3월 말에 러일전쟁 당시 자신의 상관이었던 아니시모프 장군을 찾아간 이범윤은 무기를 제공해줄 것을 요청했다.

3월 말에 이범윤이 전직 서울의 황제근위대 대위였던 김인수와 함께 나타나서 일본인들에게 적극적으로 대항할 목적으로 전쟁 후 한인 의병대원들에게서 압수한 소총을 돌려달라고 간청하였습니다. 나는 확실한 답을 하지 않고 소총이 B.C. 스트렐코보이 제2사단의 참모장인 아니시모프 장군 관할하에 있다고 둘러대고, 그 즉시 아니시모프 장군에게 이범윤의 요청에 대해 말해주었습니다. 이범윤은 다른 날 아니시모프 장군과 약속하고 나타났는데 다음과 같은 취지의 답변을 들었습니다.
즉 우리는 일본인들과 모든 분쟁을 종결짓게 된 포츠담에서의 평화협정을 체결했으므로 어떠한 경우라고 할지라도 한인 반란군을 공식적으로 지원할 수 없습니다. 한인 망명자－애국자들은 여기서 성공을 거두지 못하자 우리 영역 그리고 이웃한 만주에서 비밀리에 소총을 구입하기 시작하였습니다.

이범윤은 김인수와 함께 무기를 제공해줄 것을 요청하였으나 러시아 당국은 포츠담의 평화협정을 들어 이를 거절하였다. 이에 이범윤 등은 다른 방도를 취해야 했다.

이러한 때에 이범진은 얀치혜 지역을 중심으로 의병단체를 조직해야겠다고 판단하고, 이를 후원하기 위해 자신의 아들 이위종과 그의 장인인 러시아 귀족을 파견하였다. 1908년 4월 이전 이범진은 얀치혜 방면에서 의병준비가 이루어진다는 소식을 듣고, 그의 아들 이위종에게 금

1만 루블을 휴대하고, 러시아의 수도를 출발해서 얀치혜의 최재형 집에 도착하게 하였다. 당시 이위종은 장인 노리겐 남작과 동행하였다. 당시 러시아 국경지대 관리는 이 내용에 대하여 다음과 같이 보고하고 있다.

> 거기로 페테르부르크에서 전 조선공사의 아들이 왔다. 블라지미르 세르게에비치 리(이위종)라고 한다. 그는 노리겐 남작(토볼주 총독이었던 것으로 여겨짐)의 조카딸과 결혼하였다. 그는 그의 장인과 함께 왔다. 파리에서 교육을 받았다. 그의 말에 의하면 그는 만국평화회의에서 조선에 대한 지지를 호소한 유명한 고려대표단의 일원이었다.

러시아 연해주 전 주러한국공사의 아들 이위종과 그의 장인 노리겐 남작의 출현은 러시아에 거주하는 재러한인들에게 큰 힘이 되었다. 아울러 국경지대에 있는 러시아 국경수비대들도 이들의 출현에 심히 당황했다. 이범진이 이위종과 노리겐 남작을 파견한 것은 무엇인가 남다른 정치적 계산이 있었기 때문이었다. 그러므로 국경지대의 러시아 관리는 이에 대한 정부의 방침을 알려고 하였다.

> 황제 폐하께 이런 사실을 보고 드리면서, 본인은 일본인과의 관계에서 정치적인 실수를 저지르지 않도록 이 까다로운 사안을 어떻게 처리해야 할 것인지 지시를 내려주시기를 바랍니다. 주지하다시피 자신들의 이익을 지키기 위해서는 결코 수단과 방법을 가리지 않는 사람들이기 때문입니다. ……

노보키예프스크 망명객들의 활동에 결코 공식적으로 관여하지 않았던 나는, 이 일을 그저 보고도 보지 못한 척하기로 결정했습니다. 일본인들은 결코 우리의 친구가 아닙니다. 그들은 우리에게 칼을 겨누고 있는 것과 마찬가지이며, 일본에 있는 우리의 망명혁명가들을 밀정이라는 자신들의 앞잡이를 이용하여 비호해주고 있습니다. 이 밀정들은 무식한 일본인들보다 훨씬 더 우리의 사정을 잘 이해하고 또 그에 대한 준비를 갖춘 자들이므로 아주 쉽게 우리의 시설물에 잠입하고 또한 필요한 인물들을 접촉할 수 있는 것입니다. 그 밖에도 러시아와 일본 간에는 정치적 활동가나 범죄자들의 인도에 관한 협약이 체결된 바 없습니다. 따라서 어떠한 외교적 마찰이 발생할 경우라도 우리는 언제나 적당한 구실을 붙여 거절하거나 형식적인 답변만을 해줄 수 있는 것입니다.
본인은 이러한 사안에 대해 더 이상 불필요한 관여를 하지 않을 것입니다. 인근 만주지역에서는 여전히 오래된 중국인들의 무정부상태가 도처에 만연해 있습니다. 이범윤과 이위종은 내게 그들이 노보키예프스크에 두 달 이상 체류하지는 않을 것이라고 했지만, 정작 어디로 갈 것인지에 대해서는 말하지 않았습니다.
앞으로 동쪽과 북쪽의 변경지역, 압록강과 두만강 상류의 삼림지대에서 유혈드라마가 더욱 왕성하게 전개되리라는 것을 추측하기란 어려운 일이 아닐 것입니다.

러시아 국경대표부는 외무부에서 지침을 내려주기를 기대하는 한편 한국의 국경에서 재러한인 의병부대와 일본군 사이에 격렬한 무력충돌이 있을 것을 예견하고 있다. 즉 이위종의 얀치혜 출현은 바로 이러한 무장충돌이 있기 직전의 일로 무장투쟁을 고무하고 조직을 결성하기 위한 것이었다고 할 수 있다.

이위종이 그의 장인과 함께 최재형 가에 도착한 이후 얀치혜 지역에 있던 최재형과 이범윤 그리고 페테르부르크에서 온 이위종은 얀치혜의 의병들을 중심으로 동지역에 동의회를 조직하였다. 이때 참석한 발기인 중 주요 인물은 다음과 같다.

> 지운경 · 장봉한 · 전제익 · 전제악 · 이범윤 · 이승호 · 이군포(얀치혜에 있음) · 최재형 · 엄인섭 · 안중근 · 백규삼 · 강의관 · 김길용(전 경무관) · 이위종 · 조순서(소성) · 장봉금(소성) · 백준성(소성), 김치여(소성)

동의회의 발기인 명단을 보면 지역적으로는 얀치혜와 소성 즉 수청(현재 빨치산스크) 지역 그리고 이위종으로 대표되는 페테르부르크 세력을 들 수 있다. 얀치혜 세력은 최재형 · 이범윤 · 지운경 · 장봉한 · 전제익 · 전제악 · 이승훈 · 이군포 · 엄인섭 · 안중근 · 백규삼 · 강의관 · 김길룡 등이며, 수청 세력은 조순서 · 장봉금 · 백준성 · 김치여 등을 들 수 있다. 즉 동의회는 얀치혜 지역을 중심으로 하고 수청 지역의 인물들이 가담하여 조직된 것이라고 할 수 있다.

동의회 발기인들은 1908년 4월 얀치혜 최재형의 집에서 회의를 열고, 동의회를 조직할 것을 결의하였다. 이어서 그들은 수백 명이 참석한 가운데 총회를 개최하고 총장, 부총장, 회장, 부회장, 기타 임원의 선거

동의회 근거지 얀치혜 전경

를 시행하였다. 당일 임시회장은 이위종이 담당하였다. 선거 결과 총장(총재)에 최재형, 부총장(부총재)에 이위종이 선출되었다.

이범윤이 강력한 세력이었음에도 불구하고 이위종이 부총재에 당선된 이유는 그의 부친인 이범진의 명성과 러시아의 지원을 기대하는 당시 세력들의 기대감이 작용했기 때문이다. 그러나 핵심세력이었던 이범윤은 이에 크게 반발하였다. 일본의 기록은 당시의 상황을 다음과 같이 묘사하고 있다.

> 부총재 투표 개표 결과 이범윤이 1표 차이로 차점자가 되자, 이범윤은 좌석을 박차고 크게 화를 내며 말하기를 "내가 강동에 건너와서 국사를 위하여 진력한 지 수년이 되었는데 명성도 없고, 나이 어린 조카 이위종에

미치지 못한다니 견딜 수 없다." 이때 이범윤에게 직속되어 있는 자들도 자못 동요한 빛이 있었으나 이위종이 급히 의장석으로 내려가서 이범윤을 백방으로 위무하고, 스스로 부총재의 당선을 사양한 후 이범윤에게 양보하자 일이 점차 무사하게 되었다.

그 후 회장 이하 임원의 선거를 진행한 결과, 회장에는 이위종, 부회장에는 엄인섭, 서기에는 백규삼 등이 임명되었으며, 평의원은 발기인 전부로 구성하기로 하였다.

최재형은 동의회의 군자금으로 1만 3,000루블이라는 거금을 기부하였다. 이외에 이위종이 1만 루블을 가져왔으며 6,000루블이 수청지방에서 모금되었다. 그리고 각지로부터 군총 100정이 수집되었다.

한편 최재형은 『해조신문』 1908년 5월 9일 별보에 「얀치혜에서 유지신사 최재형 씨가 애국동지대표회의 이조금 모집 발기분이 여좌하다」라는 글을 기고하였다.

슬프다, 우리 해외 동포여. 지금 우리 조국의 형편이 어떤 지경이 되었으며, 우리 내지 동포 사정이 어떤 도탄에 빠졌는가. 그 형편 그 사정은 날마다 『해조신문』 보면 모를 자가 없스리다. 시최설을 기다리지 않을지나 저 내지 동포들은 몸을 희생 삼아 탄환을 무릅쓰고 생명으로서 국가를 보존하고자 하거니와 우리 해외 동포는 무엇으로써 조국의 강토를 보존하고 동포를 구제하리오. 매양 이것을 생각하면 침식이 달지 못하고 생세에 흥황이 없도나.

들은 즉 북미합중국 콜로라도 덴버 지방에서 본년 유월에 미국 정당의 총의회를 열고 세계 정치에 관한 공론도 있을터인고로, 그곳에서 유학하는 한국지사 박용만 씨가 애국동지대표회를 발기하였는데 그 목적은 해외 각처에 있는 우리 동포들이 원근을 물론하고 마땅히 대표자를 파송하여 이 회에 참석하고, 본국의 사정을 정당의 공론에 붙이려 함이라.

그런즉 아령 각지에 있는 우리도 한국민의 한 사람으로서 의무가 없다하지 못할지라. 무슨 기회라도 있으면 어디까지든지 따라가서 의무를 발표할지니.

이때를 당하여 어찌 묵묵히 앉아 수수방관만 하리오. 부득불 우리도 대표자를 파송하여 다른 형제와 함께 회석에 참여함이 가하나 이 지방은 거리가 멀고 개회 일시도 시기가 촉박하여 만약 대표자를 파송하고자 하면 미치지 못할 염려가 있는 고로 이 회 설명함과 가치 대표 위임장만 보내고 다소 금액을 의조하는 것이 방편에 맞을 듯하므로 본인도 50원을 선연하고 이에 그 모집함을 발기하노니 복원 각처 거류하시는 제군자는 시기를 잃지말고 국민의 의무를 돌아보아 각기 힘 닿는 대로 다소간 금액을 신속 연조하심을 간절히 희망하노라.

융희 2년 5월 6일

발기인 얀치헤 최재형

저위 모집 처소는 블라디보스토크 개척 리 387호 박인엽 씨 집으로 정함

이 글을 보면 그가 해외 동포로서 어떻게 하면 조국의 강토를 보존하고, 동포를 구제할 수 있는가에 대해 얼마나 심사숙고하였는지 알

수 있다. 아울러 미주 지역의 해외 동포들의 독립운동 또한 지원하고자 하였다.

최재형은 1908년 4월 동의회를 조직한 이후 이를 내외에 널리 알리기 위하여 『해조신문』 1908년 5월 10일 「별보」에 그 취지서를 게재하였다.

「동의회 취지서」

얀치헤에서 유지신사 제씨가 동의회를 조직하였다는데, 그 취지 전문이 여좌하니 무릇 한줌 흙을 모으면 능히 태산을 이루고, 한 홉 물을 합하면 능히 창해를 이룬다 하나니 적은 것이라도 쌓으면 큰 것이 될 것이오, 약한 것이라도 합하면 강한 것이 됨은 고금천하의 정한 이치라. 그런 고로 『주역』에 이르기를 두 사람만이 동심하여도 그 날카로움이 쇠를 끊는다 하고 『춘추전』에 말하기를 여러 마음이 합하면 성을 쌓는다 하였으며, 서양 정치가도 항상 말하기를 나는 뇌정도 두렵지 않고, 대포도 겁나지 않으되 다만 두렵고 겁나는 것은 중심이 합하여 단체된 것이라 하였으니 자고로 영웅호걸이 위태하고 간험한 때를 당하여 충의열성으로 나라를 붙들고 세상을 건지고자 할진대 반드시 의기남자와 열열지사를 연락하여 단체를 빗어 서로 같은 이는 응하고, 지기 같은 이는 서로 구한 연후에야 능히 굉대한 사업을 이루며 능히 거룩한 공명을 세우나니 옛적에 유·관·장 3인은 도원에 결의하여 400년 유씨의 기업을 다시 촉한에 중흥하고, 아지니와 가라파지는 영호를 결합하여 소녕의태리를 창립함으로 구라파 남반도에 11만 방리의 신라마를 다시 건립하였으니, 이것은 다 고금 영걸지사의 몸을 잊어 나라에 드리고 마음을 합하여 의기를 떨침이라.

슬프다, 우리 동포여. 오늘날 우리 조국이 어떤 상태가 되었으며, 우리 동포가 어떤 지경에 빠졌는지, 아는가 모르는가. 위로는 국권이 소멸되고, 아래로는 민권이 억압되며, 안으로는 생활상 산업권을 잃어버리고, 밖으로는 교통상 제반권을 단절케 되었으니 우리 한국 인민은 사지를 속박하고 이목을 폐석하야 꼼작 운동치 못하는 일개 반생물이 된지라. 어찌 자유 활동하는 인생이라 하리오.

대저 천지간에 사람으로 생겨서 사람된 직책이 많은 중에 제일은 국가에 대한 직책이니 국가라 하는 것은 곧 자기 부모와 같이 자기의 몸을 생산할 뿐더러 자기의 부모 형제와 자기의 조선 이상으로 기백대 기천년을 자기까지 혈통으로 전래하면서 생산하고 매장하던 땅이오, 또한 기백대 조선 이하로 그 종족과 친척을 요량하면 전국 내 몇 천만 인종이 다 서로 골육친척이 아니되는 자가 없으니 일반 국가와 동포는 그 관계됨이 이같이 소중한 연고로 국가에 대한 책임은 사람마다 생겨날 때에 이미 두 어깨에 메고 나는 것이라, 만약 사람으로서 자기 나라에 열심하는 정신이 없고 다만 야만과 같이 물과 풍을 쫓아다니며, 어디든지 생활로 위주하면 어찌 금수와 다르리.

가령 한 나라 안이라도 고향을 떠나 오래 타향에 작객하면 고향생각이 간절하거늘 하물며 고국을 떠나 수천 리 외국에 머무는 우리 동포는 불행히 위험한 시대를 당하여 조국의 강토를 잃어버릴 지경이요, 현재 친척은 다수 화중에 들어 만목수 참한 경상이라. 어찌 슬프지 않으리오. 눈비오고 궂은 날과 달 밝고 서리 찬 밤 조국 생각 간절하여 꽃을 보아도

大韓隆熙二年五月十日 俄曆一千九百八年四月廿七日 日曜 海朝新聞 第六十三號 (一)

ᄒᆡ죠신문

日曜及慶節時休刊

Хэчё-синмунъ

ВЛАДИВОСТОКЪ, Корейская слободка типографія ГОЛ

◉ 별보 別報

▲ 同義會趣旨書

▲ 동의회츄지셔

련츄에셔유지신ᄉᆞ졔씨가 동의회를조직ᄒᆞ엿다는ᄃᆡ 그츄지젼문이여좌ᄒᆞ니

무릇한줌흙을모흐면능히태산을일우고한홉물을흡ᄒᆞ면능히창히를일운다ᄒᆞ나니져은것이라도ᄊᆞ흐면큰것이될것이오약ᄒᆞᆫ것이라도흡ᄒᆞ면강ᄒᆞᆫ것이됨은고금텬하의졍ᄒᆞᆫ리치라그런고로쥬역에일ᄋᆞ기를두사ᄅᆞᆷ만동심ᄒᆞ여도그리로옴이쇠를ᄭᅳᆫᄂᆞᆫ다ᄒᆞ고츈츄젼에말ᄒᆞ기를여러ᄆᆞᄋᆞᆷ이흡ᄒᆞ면셩을ᄊᆞᄂᆞᆫ다ᄒᆞ얏ᄉᆞ며셔양졍치가도ᄒᆞᆫ말ᄒᆞ기를나는되졍도두립지안코대포도겁ᄂᆡ지안으되다만두립고겁나는것은즁심이흡ᄒᆞ야단톄된것이라ᄒᆞ얏ᄉᆞ니ᄌᆞ고로영웅호걸이위ᄐᆡᄒᆞ고간험ᄒᆞᆫ때를당ᄒᆞ야츙의열셩으로나라를붓들고세상을건지고져ᄒᆞᆷ진ᄃᆡ반ᄃᆞ시외긔남ᄌᆞ와열협지ᄉᆞ를연락ᄒᆞ야단톄를밋어소리ᄀᆞᆺᄒᆞᆫ이는서로응ᄒᆞ고지긔ᄀᆞᆺᄒᆞᆫ이는서로구ᄒᆞᆫ연후에야능히광대ᄒᆞᆫᄉᆞ업을일우며능히거록ᄒᆞᆫ공명을세우나니예ᄉᆞ젹유관쟝三인은도원에결의ᄒᆞ야ᄉᆞ빅년류씨의긔업을다시쇽한에쥬흥ᄒᆞ고아지니와가리파지는영호걸을결흡ᄒᆞ야소년의ᄐᆡ리를챵립홈으로구라파남반도에十一쇼박리의신라마를다시건립ᄒᆞ얏ᄉᆞ니이것은다고금영걸지ᄉᆞ의몸을이져나라에드리고ᄆᆞᄋᆞᆷ을합ᄒᆞ야외긔를奮치미라

슯호다우리동포여오ᄂᆞᆯ날우리조국이엇던상ᄐᆡ가되얏스며우리민족이엇던디경에ᄲᆞ졋는지아는가모르는가우흐로는국권이소멸되고아래로는민권이억압되며안으로는싱산실업권을일어버리고밧그로는교통ᄒᆞᆫ제반권을단졀케되얏스니우리한국인민은ᄉᆞ지를속박ᄒᆞ고이목을폐색ᄒᆞ야쯤작운동치못ᄒᆞᄂᆞᆫ일기반성불이된지라엇지ᄌᆞ유활동ᄒᆞᄂᆞᆫ인성이라ᄒᆞ리오대뎌텬디간에사ᄅᆞᆷ으로싱겨셔사ᄅᆞᆷ된직칙이만혼즁에뎨일은국가에ᄃᆡᄒᆞᆫ직칙이니국가라ᄒᆞᄂᆞᆫ것은곳ᄌᆞ긔부모와ᄀᆞᆺ치ᄌᆞ긔의몸을싱산ᄒᆞᆯ뿐더러ᄌᆞ긔의부모형뎨와ᄌᆞ긔의죠선이상으로긔빅ᄃᆡ긔쳔년을ᄌᆞ긔싸지혈통으로젼리ᄒᆞ면서싱산ᄒᆞ고민쟝ᄒᆞ던싸이오또ᄒᆞᆫ긔빅ᄃᆡ죠선이하로그종족과친쳑을요량ᄒᆞ면젼국너몃천만인죵이다서로골ᄂᆞᆨ친쳑이아니되는자ᅵ업ᄂᆞ니일반국가와동포는그관계됨이이ᄀᆞᆺ치소즁ᄒᆞᆫ연고로국가에ᄃᆡᄒᆞᆫ칙임은사ᄅᆞᆷ마다싱겨날때에이믜두억게에메고나는것이라만약사ᄅᆞᆷ으로셔ᄌᆞ긔나라에열심ᄒᆞᄂᆞᆫ졍신이업고다문야만과ᄀᆞᆺ치물파풀을ᄌᆞᆺ추다니며어ᄃᆡ던지싱활로위쥬ᄒᆞ면엇지금수와다르리오

가령한나라ᄋᆞᆫ이라도고향을떠나타향에오리작ᄀᆡᄒᆞ면고향싱각이간졀ᄒᆞ거ᄂᆞᆯ홈을며고국을떠나슈천리외국에류우ᄒᆞᄂᆞᆫ우리동포ᄂᆞᆫ불힝이위험ᄒᆞᆫ시ᄃᆡ를당ᄒᆞ야죠국의강토를일어버릴디경이오형뎨친쳑은다수화즁에들어만목수참ᄒᆞᆫ경상이라엇지슯흐지안으리오눈비오고구즌날과달밝고서리찬밤죠국ᄉᆞ상ᄎᆞᆫ졀ᄒᆞ야꿈을보와도눈물이오서소리를드러도한숨짓ᄂᆞᆫᄌᆞ요츄신렬ᄉᆞ의란시를당ᄒᆞ야거국리향ᄒᆞᆫ회포ᄂᆞᆫ오날이야뎨ᄀᆞᆺ도다만약죠국이멸망ᄒᆞ고형뎨가업서지면우리ᄂᆞᆫ색리업ᄂᆞᆫ부평이라다시어ᄃᆡ로도라가깃ᄂᆞᆫ가그러ᄒᆞ면우리ᄂᆞᆫ엇지ᄒᆞ여야우리죠국을붓들고동포를건지겟ᄂᆞᆫ가금일시ᄃᆡ에쳣지교육을밧어죠국정신을빈양ᄒᆞ고지식을밝히며실력을길우어단톄를믹고일심동밉ᄒᆞᄂᆞᆫ것이뎨일방침이라ᄒᆞᆯ지라글언고로우리ᄂᆞᆫ하단톄를조직ᄒᆞ고동의회라일홈을발긔ᄒᆞ노니

슯호다우리동지동포ᄂᆞᆫ아모죠록우리ᄉᆞ졍을싱각ᄒᆞ고단톄일심이되야소년의ᄐᆡ리의열셩으로죠국의졍신을뇌수에깁히넛코교육을발달ᄒᆞ야후진을ᄀᆡ도ᄒᆞ며국권을회복ᄒᆞ도록진심갈력ᄒᆞᆯ지어다뎌덕국비스믹은평싱에쇠와피와두가지로써덕국을통일ᄒᆞ고부강을일웟ᄂᆞ니

우리도ᄀᆡ기치그와ᄀᆞᆺ치텰환을피치말고압흐로나아가셔븕은피로독립긔를크게쓰고동심동력ᄒᆞ야셩명을동밉ᄒᆞ기로쳥련ᄇᆡᆨ일에주명ᄒᆞ노니슯흐다동지제군이여

一동의회춍쟝 최지형

부춍쟝 리범윤

회장 리위죵

부회장 엄인셥 등

『해조신문』에 게재된 동의회 취지서

눈물이오, 새소리를 들어도 한숨짓는 자고, 충신열사의 란시를 당하여 거국이 향한 회포를 오늘이야 깨닫겠도다. 만약 조국이 멸망하고 형제가 없어지면 우리는 뿌리 없는 부평이라. 다시 어디로 돌아가겠는가. 그리하면 우리는 어찌하여야 우리 조국을 붙들고 동포를 건지겠는가. 금일 시대에 첫째 교육을 받아 조국 정신을 배양하고, 지식을 밝히며 실력을 길러 단체를 맺고 일심동맹하는 것이 제일 방침이라 할지라. 그런고로 우리는 한 단체를 조직하고 동의회라 이름을 발기하나니. 슬프다, 우리 동지 동포는 아무쪼록 우리 사정을 생각하고 단체 일심이 되어 소년 의태리의 열성으로, 조국의 정신을 뇌수에 깊이 넣고 교육을 발달하여 후진을 개도하며, 국권을 회복하도록 진심갈력 할지어다. 저 독일 비스마르크는 평생에 쇠와 피의 두 가지로 독일을 흥복하고 부강을 일우었으니, 우리도 개개히 그와 같이 철환을 피치말고 앞으로 나아가서 붉은 피로 독립기를 크게 쓰고 동심동력하여 성명을 동맹하기로 청천백일에 증명하노니. 슬프다, 동지제군이여.

동의회 총장 최재형

부총장 이범윤

회장 이위종

부회장 엄인섭 등

「동의회 취지서」에서는 당시 조선의 상황에 대하여 위로는 국권이 소멸되고 아래로는 민권이 억압되고 있다고 통탄하고 있다. 이에 최재형 등은 나라의 독립을 이루고자 할 때는 몸과 마음을 바쳐 단체를 조직하여 의기를 떨쳐야 함을 주장했다. 아울러 동의회는 교육을 통하여 민족의식을 고양시키고, 지식을 밝히며 실력을 길러 단체를 일심동맹하는 것이 가장 바람직한 길이며, 조국을 구하기 위하여 민족정신의 함양, 지식을 통한 실력양성, 단체조직을 강조했다. 이러한 사실은 일본의 첩보기록에서도 확인할 수 있다.

> 얀치헤 지방에 있어서는 재얀치헤 최재형(일명 최도헌)이 수령이었을 때 동의회라는 것이 있었다. 조직의 연월은 분명치 않으나 그 주의라고 할 것은 재류한인 보호라고 하는 데 있어서 최도헌 일파의 무리는 전부 작년 폭도 모집 시 입회하였는데, 그 해산 후 회로서는 하등 활동하지 않을 뿐더러 그 후 집회한 일이 없는 상태이다. 동회원의 주된 자는 엄인섭·안응칠·백규삼·이경화·김기룡·강창두·최천오 등 모두 폭도 두목이다. 기타는 불명, 이것 외에 동 지방에는 회라고 하는 것이 없다.

이처럼 동의회에서는 재러한인의 보호를 강조하였던 것이다. 그러나 사실 동의회는 이와 아울러 무장투쟁을 전개하는 조직이기도 했다. 그것은 구성원에 의병 출신이 다수 포함되어 있다는 점에서도 알 수 있다.

동의회는 1905년 이후 러시아 지역에 있는 모든 항일의병세력의 결합이라는 측면에서 중요한 의미를 갖는다. 이 단체는 이범윤 중심의 의병세력이 그 모태가 되었으며, 여기에 더하여 최재형의 자금과 인적자원(귀화한인, 러시아인) 그리고 이범진, 이위종 부자의 외교적인 노력과 자금 지원이 중요한 역할을 하였다. 지역적으로는 안치헤를 중심으로 이루어졌으나 수청의 의병도 다수 가담하고 있다. 아울러 수청에도 최재형 세력이 다수 있었다. 즉 동의회는 얀치헤 세력을 정점으로 수청, 추풍 등 연해주 일대의 한인 세력을 바탕으로 조직된 것이라고 할 수 있다.

동의회 결성에서 중요한 역할을 한 인물은 최재형과 이범윤, 이범진 등이었다. 동의회의 결성은 최재형으로 대표되는 재러한인사회와 이범윤으로 대표되는 이주 세력과의 결합이라는 측면에서 중요한 의미를 지닌다고 할 수 있다. 그리고 러시아 중앙당국과의 교섭 등 중요한 부분은 주러한국공사였던 이범진이 주로 담당하였던 것 같다.

이들 세 세력의 공통점은 친러파였다는 점과 조선에 대한 강한 애국심을 갖고 있다는 점이다. 이들 가운데 가장 강력한 세력은 최재형 세력이었다. 최재형은 일본에 의해 연해주에 있던 한인운동 세력 중 가장 강력한 세력으로 평가되었다.

최재형 세력의 핵심적인 인물은 다음의 몇 그룹으로 나누어볼 수 있다. 우선 주목되는 부류는 귀화한인으로서 러일전쟁에 참여한 그룹으로 엄인섭·김인수·윤일병·유진률 등을 들 수 있다. 다음으로는 얀치헤 지역의 귀화한인을 들 수 있으며, 세 번째로는 함경도 출신들이다. 이외에도 최재형과 뜻을 같이하는 인사들이 자연스럽게 최재형의 핵심 세력이 되었다.

먼저 시기별로 최재형 세력을 알아보기로 하자. 이와 관련하여 주목되는 것은 1906년 이범윤과 함께 얀치헤에서 의병을 조직할 당시 최재형 세력으로 활동한 인물들에 대한 것이다. 당시 최재형 세력은 어떠한 인물들이었을까. 그들의 구체적인 인명은 현재 알려진 바 없다. 다만 얀치혜 지역에 살고 있는 귀화한인이나 귀화한인으로서 러일전쟁에 통역으로 참여한 김인수·김도일·김상헌·유진률·윤일병·구허성·황병길·엄인섭 가운데 일부 세력, 아관파천 당시 국내에 들어가 벼슬을 한 김도일·김인숙·김낙훈·김승국·홍병일·채현식 등 얀치혜·추풍 출신 통역 52명 가운데 일부 세력이다.

다음에는 1908년 4월 동의회 조직 당시의 최재형 세력에 주목해보자. 이위종의 부총재 선출문제로 최재형파와 이범윤파가 갈라졌을 당시 최재형파의 간부는 도영장 전제익, 참모장 오내범, 참모 장봉한·지운경, 미국에서 돌아온 군의관 모씨(일본병에게 체포되어 회령에서 총살), 병기부장 김대련·최영기, 경리부장 강의관, 동 부장 백규삼·좌영장·엄인섭, 제1중대장 김모某, 제2중대장 이경화, 제3중대장 최화춘, 우영장 안중근, 중대장 3인 등이었다.

다음에는 국내진공작전이 큰 성과를 거두지 못한 1908년 12월 최재형이 무장투쟁노선을 변경한 이후의 세력에 주목해보자. 1909년 당시 주위 환경이 무장투쟁을 전개하기에 좋지 않자 러시아 관원에게 소고기를 납부하면서 기회를 엿보고 있던 최재형은 1909년 2월 3일 러시아 관원에게 총기, 탄약 등의 원조를 요청했으나 러시아 관원은 이를 허락하지 않았다. 이에 최재형 세력들은 다수 해산하였는데 당시 잔존해 있던 최재형파로는 엄인섭·박윤여·김세윤·박계안·이경화·허익·장기준·황여공·김기룡·최준봉 등을 들 수 있다.

1909년 11월 당시 최재형 세력으로는 안중근·엄인섭·백규삼·이경화·김기룡·강창두·최천오 등의 의병장을 비롯하여 함동철·정순만·

정명운·이홍기·김용환·한경현 등 총 20~30명이 주요 회원으로 활동했다. 지금까지 검토한 최재형 세력 중 가장 측근은 엄인섭·김기룡·안중근·이경화 등이었다.

이들 최재형 세력들은 대부분 머리를 잘랐으며 모두 양복을 입고 총을 휴대하고 있었다. 그리고 그들은 러시아의 원조와 더불어 자신의 개인 재산을 투자할 것을 각오하고 있었다. 또한 미국 샌프란시스코에 거주하는 한인뿐 아니라 국내의 의병들과도 기맥을 통하고자 하였다.

한편 조직 당시, 상당히 강경한 입장이었던 최재형 세력은 의병에 적극 참여하기도 했으나 국내진공작전이 실패한 이후에는 학교, 신문 및 기타 매체를 이용해서 민족의식을 함양하고 독립을 기도하는 점진적인 방법도 추진하였다.

그 다음으로 수청 세력은 동의회의 간부 선출 시 최재형에게 동조한 세력으로서 얀치헤, 블라디보스토크 세력과 더불어 대표적인 항일 세력의 하나이다. 수청은 현재 빨치산스크란 지명으로 불리고 있으며, 1908년 3월 김공심·박춘성·원사집·박태여 4명이 이곳에 동의회를 조직하였다. 그리고 이들은 페테르부르크에서 온 이위종과 얀치헤 지역에서 활동하고 있는 김기룡을 통하여 재러동포들에게 민족의식을 고취시켜 조직을 보다 강화하는 한편 군자금을 마련하고자 하였다. 그 결과 수청파는 재러동포들로부터 1,200원의 기부금을 모금하였으며, 그 돈으로 총포 40정을 구입하고 포수 50명을 택하여 얀치헤의 동의회에 참여하였다. 그리고 이 총기 가운데 30정을 이범윤에게 제공하였다.

얀치헤 지역의 동의회 세력과 적극적인 협조관계에 있던 수청파는

빨치산스크 지역 전경

1908년 후반기에 최재형과 이범윤 사이에 갈등이 생긴 가운데 1908년 12월 최재형과 이범윤이 서로 수청 세력을 포섭하려고 하자 이에 반대하고 군자금 모집에 응하지 않았으며, 의병의 약 반수가 해산하기도 하였다. 한편 1909년 음력 1월 25일 안중근·김기룡 등 수청 지역에 큰 영향력을 갖고 있던 인물들은 일심회를 조직하여 아편을 금지할 것, 회원의 병 또는 사망 시 서로 부조할 것 등을 결의하고 입회금을 1원으로 결정하였다. 즉 이들은 이반되는 민심을 진정시키고 동포들의 단합을 위하여 동의회 조직을 개편하고자 했던 것이다.

한편 수청에 있는 동의회도 1909년 2월 동포들의 이반과 재정궁핍으로 장봉금이 최재형에게 지원을 호소하였으나 최재형은 교섭하지 않는다고 회답했다.

최재형은 재러한인 중 대표적인 자산가였다. 그는 각종 사업에 종사해서 재산을 점차 증대시켰다. 그의 사업내용을 구체적으로 알아보자. 그는 얀치헤에서 동부 시베리아 저격 제6연대에 소고기를 납품하고 있었는데, 한 달에 소 150두 분량이었다. 이를 금액으로 환산하면 약 9만 루블에 해당된다고 한다. 슬라비얀카에서는 병영 건축과 기와 제조업을 경영하고 있었고, 블라디보스토크에서는 페킨스카야 거리에 한 지구와 기와로 만든 건물을 소유하고 있었는데, 그 가격은 적어도 4~5만 루블이며, 1년에 집 임대료로 3,000루블을 받고 있었다. 또한 얀치헤에서도 임대료로 1년에 2,000~3,000루블을 수금하고 있었다고 한다. 이외에도 농업을 경영하여, 1년에 적어도 4~5만 루블의 수익을 남겼고, 1910년에는 소고기 납입으로 2만 5천 루블을 벌었다고 한다.

최재형은 이처럼 많은 자산의 소유자였으므로 동의회의 조직과 운영, 활동에 드는 비용 대부분을 책임졌다. 즉 동의회의 운영비는 물론 무기와 피복의 구입, 심지어는 그들의 생활비까지도 최재형의 몫이었다. 이러한 경제적 부담은 최재형에게 큰 짐으로 작용했다. 이러한 재정적인 문제는 이범윤과 갈등을 겪는 직접적인 계기가 되기도 했다.

처음에 동의회는 이위종이 가져온 1만 원과 최재형이 기증한 약 1만 3천 원, 우수리스크 방면으로부터 받은 기부금 6천 원, 각지로부터 기증 받은 군총 약 100정 등으로 운영되었다. 그 가운데 최재형이 제공한 금액은 동의회 운영의 50퍼센트를 차지하고 있었다.

한편 최재형은 국내에서 군자금을 모금하였다. 1909년 1월경에는 함경도 북청의 김승지金承旨가 최재형에게 군자금 2,000~3,000원을 기부하였다. 또한 최재형은 이경화를 통하여 북간도 지역에서도 군자금 모금을 추진했다. 이경화는 최재형의 부하로서 청나라에서 군자금을 모금하는 일을 담당했다. 1908년 여름부터 가을 사이에 청나라 오가자(경흥 북방 약 5리, 얀치헤와 훈춘의 길가에 있다)에 가서 금 600원을 모금하기로 하고 그중 400원을 수령했다. 그는 한때 군자금 모금 과정에서 북간도 흑정자 병영에 구금되기도 했다. 그 후 이경화는 1909년 3월 20일 다시 청나라 오가자에 가서 잔금 200원을 수령하였다. 그리고 4월 초에 러시아로부터 오연발 총 1,500정을 구입할 예약을 완료하였다.

또한 최재형은 엄인섭을 통해서도 군자금 모금을 추진하였다. 1908년 최재형의 부하인 엄인섭은 귀화한인으로부터 금전을 징수하는 일을 담당했는데 그러던 중 일본 밀정이라는 이유로 귀화한인을 살해하는 사고를 치고, 러시아 관원에게 쫓기는 처지가 되었다.

한편 1906년부터 1908년까지 이범윤 세력과 연대관계를 맺고 있던 최재형은 이범윤 세력이 재러동포들에게 군자금을 모금하는 데 일정한 편의를 제공해주기도 하였다. 그러나 1909년 이후 이범윤과 갈등이 생기자 더 이상 이러한 편의를 제공하지 않았다.

최재형은 의병들의 의복도 지원하였다. 1908년 11월 얀치헤의 최재형 집에는 의병 피복 200벌이 있었다. 이 피복들은 대부분 러시아 군대로부터 구입한 것이다. 그러나 최재형은 1908년 12월 의병운동이 바람직하지 않다고 판단한 후에는 의병들의 겨울 피복을 준비하지 않았다고 한다.

최재형은 군자금과 피복구입에 이어 무기구입에서도 중요한 역할을 하였다. 최재형의 의병활동에서 무기구입은 대단히 중요한 문제였다. 무기구입을 통해서만 독립전쟁에서 승리할 수 있었기 때문이다. 이러한 문제를 해결하기 위하여 최재형은 모든 수단과 방법을 동원하여 무기를 구입했던 것으로 생각된다. 최재형에 대한 러시아인의 신뢰는 무기를 보다 효율적으로 구입하는 데 도움을 주었다.

우선 합법적인 경우를 보기로 하자. 연해주에서는 마적 습격에 대비하여 총기의 민간인 소유를 공인하고 있었으며, 총기 탄약의 매매도 허가제로 허용하고 있었으나 얀치헤에서는 사실상 자유로이 매매되고 있었다. 그러므로 얀치헤에는 블라디보스토크에 본점을 둔 쿤스트 앤드 알베르스란 총기판매지점이 설치되어 있었다. 그러므로 이 상점을 통하여 무기를 자유롭게 구입할 수 있었다. 또한 얀치헤에는 최재형과 가까운 러시아군 기병대 제6연대가 주둔하고 있었다. 이 부대에 군수물자를 납품하고 있던 최재형이 이곳을 통하여 필요한 무기를 구입했던 것이다. 그리고 무기 운반을 위하여 사람들을 파견하기도 하였다. 최재형은 1908년 11월 29일 구입한 총기를 운반하기 위하여 동일 오후 10시 샤치사에 의병 20명을 증파하여 탄약 3,000발을 운송하였다.

최재형의 의병활동

러시아 지역에서 한인들의 의병활동은 1907년 군대해산 이후 본격적으로 전개되었다. 그리하여 남우수리 지방 러시아 국경전권위원 스미르노프가 연해주 군무지사 플루크에게 보낸 보고서에 따르면, 1908년 4월까지 연해주로부터 약 1,000명의 의병이 북한으로 넘어들어 갔다고 밝히고 있다. 이러한 보고를 통해 볼 때 최재형은 이범윤과 함께 활발한 국내신공작전을 전개하기 시작했던 것으로 보인다.

최재형 등은 부대를 100명 내외의 소부대로 나누어 비교적 일본 수비대의 경비가 취약한 지점을 골라 산발적인 도강상륙작전을 전개했으며, 국내 진공에 성공한 각 부대는 함경도 갑산, 무산 등 예정 지점에 집결하여 장기적이고 항구적인 국내항쟁을 시도하고자 하였다. 이러한 최재형의 의병활동은 한국의 북부지역에서 일으킨 한인의병활동에 큰 영향을 받은 것으로 생각된다. 러시아의 1908년 5월 14일자 보고를 살펴보자.

두만강과 압록강 상류에서의 한인들의 봉기는 성공적으로 진행되고 있습니다. 3주 전에는 무산시 부근에서 일본군 부대가 궤멸되었으며, 도시 자체는 반란군에 의하여 장악되었습니다. 오늘 또다시 받은 정보에 의하면, 2주 전에 삼수시 근처에서 150명의 일본군이 모두 궤멸당했고, 압록강을 따라 뗏목을 가지고 체벌된 목재를 수송하기 위하여 일본인들이 세워놓은 산 속의 시설들이 전부 파괴되었습니다. 일본인들은 북청으로부터 상기 지역으로 군대를 이동시켰습니다.

반란군이 성공을 거둠으로써 우리 지역과 만주 국경지대에 있는 한인 망명자들은 크게 고무되었습니다. 우리 지역이 황량하고, 만주와의 접경지역이 지세가 험하고 방어할 수 없기 때문에 우리는 소규모 무장부대가 한국으로 침투하는 것을 중단시킬 수 없습니다. 그 부대들은 드문드문 한인들이 거주하는 훈춘 푸두툰스트보를 거쳐서 절망에 빠져 있고 몹시 분개하고 있는 조선 독립군을 지원하기 위하여 북한 지역으로 들어가고 있습니다.

이 보고서는 북한 지역 한인들의 의병활동이 활발히 진행되고 있음을 알려줄 뿐 아니라, 이들의 활동이 만주와 러시아 지역에 있는 의병들의 국내진공을 고무시키고 있음을 보여준다. 그리고 북한 지역에서의 의병들의 성공적인 활동은 만주와 러시아 지역 의병들의 봉기를 더욱 고무시켰을 뿐 아니라 공감대를 확산시키고 있다. 다시 러시아의 6월 19일자 보고를 보자.

조선북부지역에 있는 한인 봉기자들의 계획이 아주 성공적으로 진행되고 있으므로, 이런 공감 분위기는 지속되고 있습니다. 조선 내의 일본인들과 그들의 동조자들은 무자비하게 죽임을 당하고 있으며, 대규모 봉기군은 소부대와 초소만이 아니라 상당한 병력을 가진 일본군부대를 소탕하고 있습니다. 조선의 북부와 서부에는 몇몇 도시가 봉기군에 의하여 장악되고 있으며, 5월 초에 일본군에 의하여 격퇴된 두만강 상류의 무산시는 지금까지 반란군 수중에 있습니다. 회령시로부터 부대를 파견하여 반란군에게서 그 도시를 탈취하려던 일본인들의 시도는 격퇴당했습니다. 이 모든 일은 한인들의 사기를 드높이고 있고, 그들은 만주 동부와 우리 지역에서 자금을 모으고 무기를 구입하고 있습니다.

의병들은 북한의 북부 및 서부의 몇 개 도시를 장악했으며, 5월 초에는 무산시를 점령하기까지 했다. 이 점은 재러동포들의 사기를 진작시키는 데 크게 기여했다.

이처럼 국내에서 의병활동이 성공적으로 진행되고 러시아 지역에서도 국내진공작전이 활발히 전개되기 시작하자 이위종은 얀치헤 지역의 최재형을 방문하여 국내진공작전에 대해 논의하였다. 이에 러시아 지방당국은 이위종에게 즉각적인 추방을 요청하였다. 그리고 포시에트 경찰서장에게 최재형을 소환하여 그에게 러시아 공민으로서 한인 애국자들의 활동에 개입하지 말라고 설명하도록 지시하였다.

한편 국경지대의 일본인들은 한인들의 국내진공활동 및 준비를 크게 두려워했으며, 러시아 지역에 밀정을 파견하는 한편 군대를 전진 배치하여 재러의병들의 국내진공에 대비하고자 하였다.

일본의 이러한 대비에도 불구하고 최재형과 이범윤이 이끄는 연해주 의병들은 6월 말과 7월 초에 두만강 하류에 있는 일본 소규모부대를 궤멸시켰다. 그리고 그 이후에도 계속 일본군을 공격하였다. 러시아의 7월 15일자 보고를 보자.

> 6월 말과 7월 초에 러시아 영토로부터 접근한 반란부대에 의하여 두만강의 하류에 있는 일본 초소와 소규모 부대가 궤멸당했다. 약 100명쯤 되는 어떤 부대는 사벨로프스크 지역의 남쪽 끝에 있는 중국 영토에 집결하여, 포드고르노보 마을 위 에 있는 두만강 지역을 성공적으로 건 왔다. 거기로는 7월 초에 또 다른 두 부대가 접근해왔는데, 그 인원 또한 약 100명 정도였다. 이들 부대는 수청과 연해주의 다른 지역에서 하천용 배를 타고 왔으며, 두만강의 삼각주에 내린 다음 조선 방면으로 건너갔다. 그들은 무장하지 않고 하선했지만, 조선으로 건너가서는 무장한 채 특수한 반란군 복장을 하였다. 무기와 의복이 어떤 경로를 통하여 공급되었는지에 대해서는 알려져 있지 않다. 이 부대들은 거의 손해를 입지 않고 경흥시 외곽과 두만강 상하류에 있는 일본군 초소와 소규모 부대들을 모두 격파하고는, 전사자들로부터 많은 탄약과 함께 수십 정의 라이플총을 탈취하였다.

1908년 7월 7일 최재형이 이끄는 동의회와 이범윤이 이끄는 창의회의 동지 300여 명이 포병사령관 정경무, 우영장 안중근, 좌영장 엄인섭 등의 지휘하에 두만강 연안 신아산 부근 홍의동을 공격하였다. 그리고 경흥군 수비대 병사 2명과 헌병 1명을 사살하였다. 또한 1908년 7월 9일 의병 200여 명은 두만강을 건너 7월 10일 새벽 경흥군 신아산을 습격하여, 일본군 1명을 사살하였다. 그리고 회령수비대 200명과 여러 차에 걸쳐 교전하였다.

한편 최재형의 부하인 오내범은 7월 10일 회령 근처 운성산에서 일본군을 격퇴하였으며, 부령읍 인근 배상봉에서도 일본군을 크게 격퇴하였다. 러시아는 이 일에 대하여 아래와 같이 기록하고 있다.

> 7월 10일에 회령시로부터 25베르스타 떨어진 운성산 지역에서 매복에 걸린 일본군 중대는 엄청난 패배를 당했습니다. 전투는 아침에 시작되어 종일 계속되었습니다. 땅거미가 질 무렵에야 회령시로부터 구출부대가 접근하였고, 반란군을 격퇴하였습니다. 일본인들의 사망은 64명, 부상자는 30명이었습니다. 반란군은 겨우 4명만이 부상을 당했을 뿐입니다. 그 가운데는 그 파의 지휘자인 오내범도 포함되어 있는데, 그들 가운데 사망자는 없었습니다. 접근한 일본 군대가 무기와 부상자들을 거두어 가서 어둠을 틈타 몰래 회령시로 물러났기 때문에 일본인들의 무기를 탈취하는 데 성공하지는 못했습니다. 그러나 회령시에는 강한 공포 분위기가 감돌았습니다. 반란군은 총수가 160명이나 되기 때문에 그들을 추적하는 것을 두려워했습니다.
>
> 두 번째 충돌은 부령읍 인근의 배상봉(소도시로부터 20베르스타 거리)에서 발생하였습니다. 한인 불교승려로서 배교한 어떤 사람의 말을 따르면, 일본군 중대가 점심식사를 하던 약 100명에 달하는 반란군 부대, 그중에는

30명의 호랑이 사냥꾼과 뛰어난 사격수들을 포함한 부대를 무산시 부근에서 예기치 않게 급습하였습니다. 일본군의 첫 발포 이후에도 반란군은 아무도 상처입지 않았고, 반란군은 즉각 반격을 시작하여 일본인들을 좁은 분지로 몰아넣고 거의 몰살시켰는데, 그들 자신은 오직 1명의 부상자만 있었을 뿐이었습니다. 일본인들은 90명 이상이 죽거나 다쳤는데, 부상한 사람들은 모두 죽임을 당했고, 모든 무기는 반란군 차지가 되었습니다.

이처럼 활발한 활동을 전개하던 연해주 의병은 1908년 7월 19일 회령 영산에서 일본군에게 패배하고 말았다. 그 후 8월 4일 엄인섭이 이끄는 부대 20~30명이 두만강을 건너 서수라의 일인어장 대성조를 습격, 일본인 10여 명을 살상하는 성과를 거두기도 했으나 연해주 의병은 영산 전투를 계기로 그 세가 꺾이고 말았다.

1908년 7월과 8월의 국내진공작전에서 큰 성공을 거두지 못하자, 최재형과 이범윤 부대는 간도와 훈춘 그리고 일부는 러시아 연해주 지역으로 이동했다. 당시 얀치헤 지역으로 이동한 세력은 호도세(노우키스코 서방 2리)에 50여 명, 주라미(얀치헤 동남 약 13리 반)에 50여 명, 얀치헤하 부근의 나부란(소도살장)에 100여 명, 안방비(얀치헤 동남방 23리 반)에 약 150여 명 등 총 350명 등이었다. 특히 이범윤은 국내진공작전 이후 자금이 없어 새로운 부대를 조직할 수 없었다. 아울러 일본이 암살범을 파견하는 한편 1만 루블의 현상금을 내걸어 그의 활동 입지는 그만큼 축소되었다. 이에 이범윤은 블라디보스토크, 얀치헤 그리고 중국 등지에 은둔하려 하였고, 자연히 그의 세력은 크게 약화되었다.

한편 사태가 여기에 이르자 최재형은 다음의 러시아 쪽 보고 자료에서 보는 바와 같이 이범윤과는 별도로 군자금을 모금하는 한편 그를 바탕으로 무기를 구입하여 200명의 대원들에게 사격훈련을 전개시켰다.

> 자신의 이름을 어떻게든 역사에 남기고 싶어하는 표트르 최는, 일가친척들의 칭송을 한 몸에 받으며, 이미 이범윤과는 별개로 독자적으로 행동을 개시하였습니다. 그는 요원들을 소집하여 수청과 추풍 각지에 자신의 편지를 전달하면서 새로운 군대를 조직하는 데 필요한 경비를 보내달라고 애원하고 있습니다. 기부금은 각 지방의 한인 마을에서 속속 전달되었습니다. 한 군인의 말에 따르면, 표트르 최는 여러 사람들로부터 적어도 1만 불 이상을 걷어 들이는 데 성공했다고 합니다. 그는 이 돈으로 무기와 탄환을 사들이기 시작했습니다. 현재 그의 휘하에는 무기를 소지한 군인이 100명 이상 있으며, 부대원 전체는 200명 이상에 이른다고 합니다. 군인들 중 일부는 얀치헤 아래쪽에 있는 그의 제유소(버터제조소)에 머물고 있고, 일부는 바라노프스크와 지신허에 있습니다. 그곳에서는 사격훈련을 실시하고 있습니다.

그러나 이러한 최재형의 재기 움직임도 오래 지속될 수 없었다. 최재형은 곧 현재의 상황에서 무장투쟁으로 일제에 대항한다는 것은 무리라고 생각하였던 것 같다. 그러므로 최재형은 1908년 12월 의병 정예부대 약 500명이 수청으로부터 얀치혜 지역으로 응원을 오자 얀치혜에 있는 200명의 부하들을 모아놓고 "현재 자금이 부족하고 병력이 적으므로 잠시 해산할 것이다"라고 말하였다. 그러자 수청 지역에서 온 부하들이 반발하였다. 즉 그들은 다수의 인원을 모집하여 집합한 것이니 여하한 이유가 있다고 하더라도 국내진공작전을 중간에 그만둘 수 없다고 항변하였다. 그리고 최재형에게 "어찌 당신만 알고 부하를 속이는가. 우리는 이대로 귀향하지 않겠다"고 반발하였다. 아울러 그들은 최재형이 명령만 내린다면 즉시 조선에 침입할 것이라고 하였다 . 그러나 최재형은 이들의 요구를 받아들이지 않았다.

이어 최재형은 1909년 2월에 얀치혜 부근 샤치사와 샨베리에 거주하고 있던 그의 부하 60명에게도 의식을 제공하지 않았다. 이와 같은 최재형의 행동은 당시의 주변 상황과 밀접한 관련을 맺고 있었다. 일제는 이 무렵 러시아에 외교적으로 압력을 가해 한인의 의병활동을 제약하도록 했다. 그런 가운데 실제 최재형과 밀접한 관련을 맺고 있던 얀치혜 주둔 제6연대 소속 러시아 군인 250여 명이 1909년 1월 하순 의병사무소로 가서 일체의 총기 탄약을 압수하고 해산을 명하는 일까지 발생하여 최재형은 상당히 위축된 상태였다. 한편 러시아 당국은 1909년 9월 귀화한인들에게도 징병령을 내렸다. 그리고 징병령 실시를 위한 사전 준비로 호구조사를 5월경부터 이미 착수하였다. 그리하여 비귀화인으로서 여권 없이 연해주에 거주하는 한인들에게는 추방령이 내려졌으며 일부 징집대상자들은 징병을 기피해 월경·피신하는 경우도 발생하였던 것이다.

또한 중국 북간도 지역의 중국 관헌의 탄압도 한 원인이 되었다. 1908년 11월 노령 얀치혜로부터 중국령 양령兩嶺에 파견되어 있던 의병

200여 명의 부대장 이경화가 청국 군사에 의해 구금되는 사태가 발생했던 것이다.

한편 러시아 당국에서는 최재형과 그의 추종 세력들의 제거를 다음과 같이 건의하고 있다.

> 일본 정부와 우리 정부 간에 마찰을 빚지 않고 우리 영토에서 한인들이 정치적인 일을 기도하는 것을 원칙적으로 봉쇄하기 위하여 다음과 같은 제안을 드립니다.
>
> 1. 경흥시에 있는 조선인 니콜라이 이(이경화)를 강도이자 약탈범으로서 체포하여 일본 당국에 넘겨줄 것
> 2. 조선인 망명객 이범윤을 하바롭스크로 추방하고, 그곳 경찰의 감시하에 연금 상태로 억류할 것
> 3. 얀치헤 마을의 표트르 최와 지신허 마을의 농민 엄인섭을 블라고베셴스크로 추방하여 1년간 경찰의 감시하에 둘 것

최재형은 이와 같은 러시아의 탄압과 감시에도 불구하고 1909년 3월 의병 500명 내지 600명을 모집하고 홍범도를 지휘관으로 하여 조선 침입계획을 세우고자 하였다. 그러나 최재형은 표면적으로 의병활동을 준비하지 않는 것처럼 철저히 위장했다. 그리하여 일본의 첩보는 다음과 같이 보고되었다.

> 1. 최재형은 표면상 폭도와 관계를 끊은 것과 같이 가장하나 그 실은 러

시아 관헌에 대하여 총기, 탄약, 기타의 원조를 바라고, 지금도 교섭 중이라는 풍설이 있으나 실은 그가 폭도들의 악감을 사는 것을 두려워하여 애매한 태도를 취하고 있는(현재 노보키예프스크에 잔류한 폭도는 10명 내외로서, 그 중 다섯 명의 두목은 최재형의 집에 기거하였다) 것을 이용하여, 두목 등이 적세를 가장하는 예의 유혹 수단에 불과한 것과 같이 최재형은 현재 진실로 폭도에 의지가 없는 것으로 추정된다.

일본의 또 다른 보고를 보자.

최재형은 폭도와 관계를 끊으면서 말하기를, 우리들이 분기할 기회는 타일 도래할 것이라고 하고 이래 그는 옛날 부하들에 대하여 완화 수단을 취하는 외에 하등 하는 바가 없다. 단 그가 소위 분기할 시기는 타일에 있다고 하는 것 역시 적도들과 관계를 끊는 일시의 권의 수단에 불과할 것이다.

이처럼 최재형은 여러 가지 풍설과 자신의 말을 통하여 의병활동을 포기하였음을 가장하고자 하였다. 그러나 이는 의병을 포기한 것이 아니라 새로운 준비를 숨기기 위한 위장전술이었다. 다음과 같은 일본 쪽 기록을 보면 이를 짐작할 수 있다.

동인은 전혀 폭도의 수령을 그만 둔 것이 아니다. 그 외관은 전혀 폭도와 관련이 없는 것으로 드러내나 내면은 그렇지 않다. 현재 얀치헤에 있는 그의 기름 제조소에 있는 동의회원 백규삼 등 7명은 항상 주모자가 되어 각 지방에 연락하고 있다. 최가 그들의 의복을 공급하고 있음은 확실하다. 또 일찍이 강창두康昌斗 외 2명이 집조(여권 – 필자주)가 없으므로 러시아 관헌에게 체포되어 금고되었을 때에도 그로부터 돈을 내어 석방시켰다. 6월 25일 최의 기름 제조소에 있는 수모자 등은 이번 경흥 부근에 강도를 하려고 계획하여 장차 각 지역에 산재한 잔당 등에게 통보하고자 했던 바 경흥 부근의 정황이 불명하고, 아직 시기가 빠르다 하여 드디어 통문의 발송을 중지하게 되었다.

의병세력의 갈등과 분열

최재형과 이범윤의 갈등은 1908년 동의회의 창립 당시부터 내재해 있었다. 그럼에도 불구하고 최재형과 이범윤은 국내진공작전이라는 내명제를 앞에 두고 서로 단결하여 의병전쟁을 실행했던 것이다. 그러나 의병활동이 실패하자 결국 두 사람 사이에 쌓여 있던 문제들이 확대되어 최재형과 이범윤이 갈등을 겪었다. 러시아 자료에 최재형 부대와 이범윤 부대 사이의 갈등이 잘 나타나 있다.

표트르 최는 아마도 자신의 이름을 역사에 남기고 동족으로부터 영예를 얻기 원하여 이미 이범윤과 별개로 독자적으로 활동하기 시작하였으며, 대리인들을 선발하여 자신의 편지를 가지고 수청과 추풍 지역에 보내어 새로운 부대조직을 위한 자금을 모금하였습니다. 여러 한인거주지로부

추풍 지역 전경

터 즉각 헌금이 거두어졌습니다. 의병대원들이 전하는 말에 따르면 표트르 최는 전 기간에 1만 루블 이상을 거두는 데 성공했다고 합니다. 그는 이 돈으로 무기와 탄환을 구입하기 시작했습니다. 지금 그와 의병대원들에게는 100정 이상의 무기가 있으며, 의병대 부대원은 200명 이상으로 구성되어 있습니다. 그중 일부는 하(下)얀치헤와 그 버터 제조소에 살고 있으며, 일부는 바라노프스크에, 다른 일부는 지신허에 살고 있습니다. 뒤에 말한 두 지역에서는 사격훈련이 실시되고 있습니다. 이범윤 부대의 몇몇 의병대원들은 빈곤을 참아내면서 최의 부대로 넘어왔고, 나머지 사람들은 거주증을 얻을 돈도 없고 서류가 없다고 하여 경찰의 추적을 받을까 두려워하여 사벨로프스크, 훈춘 그리고 간도로 달아나서 모집에 관한 소식을 얻을 때까지 그 지방 한인들 사이에서 임시로 살고 있었습니다. 게다가 그들은 여러 농촌 마을에서 최의 부대원이라는 증명서를 보여주지 못하는 사람들 이외에 이범윤 부대원 출신을 아무도 받아주지 않는다는 공고를 보고는 어쩔 수 없이 중국 영토로 도망해야 했습니다. 이런 일로 인하여 지금 최와 이범윤 양파 사이에 심한 불화가 일어났습니다.

얼마 전에는 얀치혜 마을에서 이범윤의 나이든 스승의 아파트를 습격한 사건이 일어났습니다. 많은 사람들은 이 일이 최파의 소행이라고 귓속말을 나누고 있습니다. 왜냐하면 이범윤파의 사람들은 자기 지도자의 스승에 대한 습격을 결행할 수 없었기 때문입니다. 또한 최의 의병대가 한국으로 원정을 떠나기 전에 이범윤을 급습하여 그와 그의 측근 6명을 죽일 계획이 있다는 소문도 있습니다. 최의 의병대원들은 언급된 인물들을 죽임으로써 한인들로부터 칭찬을 얻고, 대 조직가인 표트르 최에게 영광과 영예를 얻기를 기대하고 있습니다. 얼마 전에 최는 필경 무기와 다른 탄약을 구입하러 블라디보스토크로 떠났습니다.

1908년 11월 최재형과 이범윤의 갈등은 표면 위로 드러났다. 1908년 11월 7~8일경 노보키예프스크 창의회 본부에는 또 200정의 총기가 있었는데, 그때 수청 방면의 주민이 또 200정의 총기를 모아 운반해왔다. 그런데 최재형과 이범윤의 의사가 맞지 않아 총 200정을 도로 수청으로 송환하는 불상사가 발생했던 것이다.

한편 이범윤은 최재형과의 갈등으로 1908년 11월 부하들의 신뢰를 잃었을 뿐 아니라 얀치혜 지역에서의 회원모집에 어려움을 겪었으며, 귀화한인들은 특히 이범윤의 말을 신뢰하지 않았다. 이에 이범윤은 블라디보스토크에 있는 자산가 최봉준을 만나 자금 지원을 요청하였으나 거절당했다. 이러한 어려움에도 불구하고 이범윤은 얀치헤 부근에 있는 부하 200여 명과 제휴하여 경성 습격을 계획하는 한편, 최재형 세력을 제거하고자 하였다. 즉 이범윤의 부하 한기수·박창수·박후보 등 3인은 서로 결탁하여 동의회 회원으로서 최재형의 부하 중 중심인물인 김기룡·안중근·엄인섭 가운데 김기룡을 살해하고자 최재형 집에 왔다가 실패했다.

이 사건으로 최재형과 이범윤의 갈등의 골은 더욱 깊어졌다. 이범윤은 최재형과 화해를 시도했으나 거절당했다. 그리고 최재형이 이범윤의 행동을 러시아 관헌에게 호소하여 이범윤 부하 8명이 러시아 관헌에게 체포되었다. 사태가 여기에 이르자 이범윤 세력은 1909년 1월에 최재형을 저격했다. 최재형은 1909년 1월 16일 권총 세 발을 맞았다. 이를 계기로 최재형과 이범윤의 관계는 더욱 악화되었으며, 급기야 최재형은 블라디보스토크에서 간행되고 있던 한글 민족지인 『대동공보』에 이범윤 세력을 비판하는 글을 게재하기에 이르렀다.

광고

각 지방의 풍설을 듣건대 수다 무뢰의 배가 본국을 사랑하는 의병이라고 가칭하고 우리 각지 유명한 인사의 성명을 팔아 본인의 성명을 도용, 위조서면을 각처에 전파하여 인민 다수의 재산을 탈취하여 중도에서 제 비용이라는 명의하에 이를 착복하고 그 위령其威令을 자과自誇하고자 하여 동포 중에 사생의 폐가 있다 운운하니 슬프구나. 우리 약한 동포 등이 저

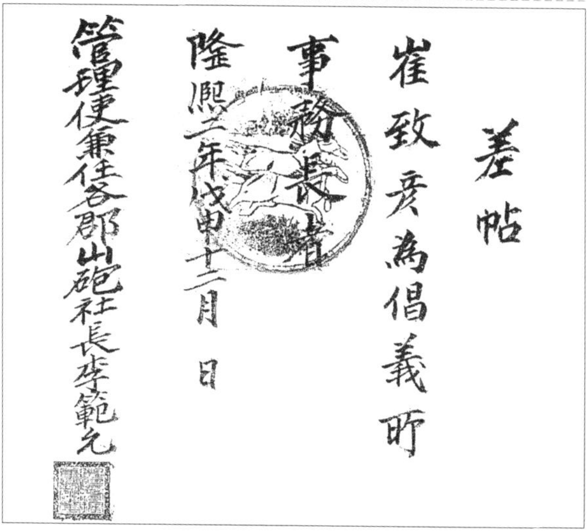
差帖

崔致彥爲倡義所

事務長者

隆熙二年戊申十二月 日

管理使兼任各郡山砲社長李範允

이범윤이 최치언을 창의소 사무장에 임명한 증서, 마패가 찍혀 있다.

무뢰한에게 기만을 당하여 무한한 해를 입어 장래 부지扶持이 방침을 생각할 수 없다. 지금부터 이후 저 잡배의 위조서면과 애국심고愛國心高라고 자칭하는 자에게 무용無用의 보조금을 주지 말라. 이와 같은 피해는 상호 이를 주의하고 거절하여 징치懲治하기를 바란다.

한편 위와 같은 광고와 거의 같은 시기에 추풍 지방에서는 박기만 외 24명이 연명으로 「추풍사무통장通章」을 발표하여 연해주 한인사회가 이범윤의 적극적인 의병노선을 후원해줄 것을 촉구하는 등 재러동포사회가 점차 분열되는 모습을 보여준다.

최재형과 이범윤의 이러한 갈등의 계기는 자금문제 등 여러 가지가 있으나 우선 그들의 도덕적 측면과 신분적 차이에서 비롯됐다고 할 수 있다. 주지하는 바와 같이 조선사회는 신분제사회이다. 비록 러시아 땅이고, 최재형이 부자이고 자산가이기는 하나 어쨌든 조선의 관점에서 바라보면 그는 조선의 함경도 노비 출신일 뿐이었다. 그러므로 이 문제는 그들 두 사람의 갈등의 기본 문제가 되었을 것이다. 당시 러시아 쪽의 보고문은 이를 상세히 기록하고 있다.

> 조선의 정치적 망명자 이범윤과 얀치헤의 전 촌장이었던 표트르 최는 지난해에 처음으로 잠시나마 함께 활동했습니다. 군자금과 무기를 구입하고, 빨치산 대원들을 조직했지만 이들은 큰 성공을 거두지 못했습니다. 지난해 말에는 부대 전체가 여러 지역으로 분산되었고, 지휘자들 간에는 자금문제로 커다란 반목이 있게 되었습니다. 여기에는 다른 여러 가지 원인도 뒤섞여 있습니다.
>
> 그 여러 가지 원인들 중 반드시 고려할 여지가 있는 중요한 것은 바로 그들의 도덕적 측면과 사회적 위치가 비슷하지 않다는 점입니다. 이범윤은 이씨 가문이라는, 조선의 귀족인 양반 출신입니다. 이 가문 출신 중에는 현재 조선 왕조를 통치하는 사람들이 있습니다. 또한 조선의 모든 유명한 귀족 가문은 서로를 친척으로 여기기 때문에 그 근저에는 여전히 씨족사회 원칙의 잔재가 남아 있는 것입니다. 이범윤 또한 자신이 왕조의 후예라고 생각하고 있으며, 외국신문들도 가끔씩 그의 활동을 소개하면서 그에게 왕자라는 호칭을 부여하고 있습니다. 그는 주로 상해를 통해 일본인들에 의해 퇴위 당한 황제 이희李熙의 무리들과 교신하고 있으며,

한국인들 사이에서 활동적이며 좋은 가문 출신의 명사로 이름을 얻고 있습니다.

반면에 표트르 최는 천생 종의 자식으로서, 조선인의 시각으로는 가장 미천한 계급 출신입니다. 그러나 그는 강인한 성격과 지혜를 겸비한 약삭빠른 사람입니다. 촌장으로 일하는 동안 그는 여러 가지 미심쩍은 방법으로 막대한 재산을 긁어모았고, 자신이 다스리는 얀치헤 한인들의 자유를 속박하면서 엄중하게 다루었습니다. 또한 자신을 부유하고 영향력 있는 중요한 존재인 것처럼 떠벌이면서 우리 정부로부터 수많은 포상을 받기도 했습니다. 한마디로 이 사람은 반야만적인 이민족이며, 사랑을 너무 많이 받아 버릇이 나빠진 무원칙의 관리인 것입니다. 그의 미천한 신분과 의심쩍은 명성으로 인해 그는 우리나라에서 일본에 대항해서 싸우는 한인부대를 위해 선동 작업을 수행하는 조선 양반들과 화합할 수 없었습니다.

위에서 보는 바와 같이 이범윤과 최재형은 도덕직인 측면과 신분상의 차이로 갈등을 겪게 되었다. 이외에도 러시아의 자료는 최재형이 모금한 자금문제에 대해 논하고 있다.

앞서 언급했듯이 자금문제 또한 연루되어 있습니다. 군대를 조직하는 데 필요한 돈이 어디로부터인지 전달되었고, 지역 내에서도 막대한 자금이 모금되면 대개는 최의 수중으로 들어갔는데, 그는 이 돈으로 블라디보스토크에서 무역거래를 하거나 고기를 거래하기도 했으며, 노보키예프스크에서도 그런 것을 하고 있었습니다.

이처럼 이범윤 세력은 최재형이 군자금을 자신의 사업에 전용하고 있다고 비판하고 있다.

아울러 이범윤 세력은 최재형의 추종 세력인 니콜라이 이(이경화)와 엄인섭의 활동을 무분별한 일본인 어부의 사살, 재산의 약탈 등으로 묘사하면서 애국적인 행동이 아니라 강도행위라고 신랄히 비판하고 있다.

이범윤과 최재형의 반목은 다음과 같은 경우에서도 드러났습니다. 지난해(1908년) 6월에 최는 한인 이주자를 감독하는 책임자로서 투기꾼이나 살인자 강도 등 소위 그의 수하들이라고 불리는 니콜라이 이와 표트르 엄—이 자는 최의 친척입니다—등으로 구성된 몇몇을 자기 책임 부서에 편제시켰습니다. 이 강도 무리는 두만강 상류를 지나다니며, 일본인 초소를 습격했고, 세슈로이 마을에서는 일본인 어부를 죽이고 그들의 재산을 약탈했으며, 그 뒤에는 온기 마을로 뛰어들었습니다. 가슈케비치 만에서는 일본인 상인들을 죽이고, 강도짓을 했으며, 또한 돌아오는 길에는 두만강에서 일본인 초소에 대고 총을 쏘아댔습니다. 게다가 그것은 장거리용 일제 탄환이어서 크라스노이 마을의 오두막에도 무차별적으로 날아갔던 것입니다. 이러한 습격의 결과는 결국 우리 영토 내의 세슈로이 마을 곳곳으로 도망쳐 오는 것이었습니다. 이곳 주민들은 살해당한 일본인 어부에 대한 일본의 보복과 크라스노이 마을에 대한 사격을 두려워하고 있습니다. 러시아 영토인 나고르노이 마을로 일본군 소대가 이동해왔고, 블라디보스토크에서 저질러진 최씨 일당의 강도짓과 특히 이런 인물과 함께 일하는 이범윤에 대해서 맹렬한 비난이 쏟아졌습니다.

진정한 애국자들은 약탈을 목적으로 한 이러한 짓들이 결코 애국적인 충동이 아닌 순수한 강도행위라고 간주하고 있으며, 그 괴수인 최는 물론이고 니콜라이 이나 엄씨도 모두 추악하기 그지없는 인간들이라고 여기고 있습니다.

최봉준은 최재형과 함께 러시아 연해주 지역의 대표적인 부호로서 최재형과는 일찍이 형제의 의를 맺고 있을 정도로 친교가 있는 인물이다. 그러나 그 또한 최재형과 깊은 갈등을 겪는다. 당시 최봉준은 기선을 소유하고 있었고, 우육상으로도 활동하고 있었다. 그런 그는 일찍이 블라디보스토크에서 『해조신문』을 간행하여 민족의식 고취에 노력하였다.

국내를 상대로 무역업에 종사하던 최봉준은 1908년 의병들이 국내진공작전을 전개하자 사업에 상당한 어려움을 겪었다. 따라서 그는 의병들을 비난하기 시작했다. 그는 1908년 12월 상순부터 얀치혜에 와서 최재형·이범윤의 독립운동을 비난했다. 아울러 러시아 관헌에게 호소하는 한편 이범윤을 숙박시킨 얀치혜 '고미사리(역사役所의 이름)'의 한국인 통역 모씨를 부당하다고 비난했다.

특히 최봉준은 1909년 6월 12일에 러시아령 하싼 부근에서 촌민을 모아놓고 의병을 비난하는 대중연설을 하기도 했다.

어느 한인은 일본에 반항하고 어느 한인은 당국자와 반목하는 자가 있다. 나는 무슨 연고로 반항하고 또는 반목할 것인가의 이유를 발견할 수 없다. 지금 시험 삼아 제군을 향하여 "무슨 연고로 일본인에게 반항하고 혹은 당국자와 반목하는가"하고 묻는 자가 있다면 제군 중에서도 그 이유를 답변하는 자가 없을 것이다.

나는 일본국에 대하여 반항은 커녕 그 은의에 감사하는 자이다. 왜냐하면 우리 조선이 순연한 독립국이 된 것은 일본국이 일·청, 일·러 양 전역에서 거액의 금전과 무수한 생명을 희생해 바친 결과이다. 원래 우리나라의 개혁발달을 위하여 극력 진력하고 있는 것은 내가 확신하는 바이다. 이 은의가 있는 일본국을 볼 때, 수적으로 봄과 같이 오해를 하는 자는 이곳에 집합하고 있는 제군 중에서는 필히 없을 것이다.

더욱이 시세를 오해한 자들이 수청, 블라디보스토크 및 얀치혜 지방에 있다. 그들은 자칭하여 의병이라 한다고 하나 사실인즉 폭도이다. 자금 그 폭도인 것을 예증한다면, 작년 이래 각 촌락에 많은 원조금을 모집하였고, 인민의 고혈을 짰어도 그 사실은 하나도 국리민복을 증진했다고 인정할 것이 없다. 또 갹출금과 같은 것도 어떻게 소비하였는지 전연 불명하다. 저 서수래사건과 같이 그 살육된 것은 실로 우매한 천민뿐이다. 일한의 관계는 순치이다. 입술이 망하면 이가 시렵다. 일한의 교의交誼는 형제이다. 아우가 죽으면 형도 고독하다. 이것은 자연의 순리이다. 이런 고로 우리 무리는 제군과 함께 그들 소위 의병이라고 하는 것들을 토벌하고 혹은 조선 당국자와 협의하여 이것의 진압 방법을 정하지 않으면 안 된다. 또 일본에 대해서는 항상 감사의 뜻을 표하여 조선 당국자에 대하여 그 시설에 찬동하여서 국리민복을 도모함은 인도의 정히 그래야 할 바라고 하겠다.

나는 항상 절대로 반대하는 것은 그들의 소위 의병이라고 하는 것이다.

제군은 의병이 감언으로써 제군에게 임하더라도 제군은 그의 속빈 바가 되지 말고 각각 업에 안하여 생을 즐기는 지역에 있을 것을 내가 깊이 제군에게 희망하는 바이다.

– 국사편찬위원회, 『한국독립운동사 자료』 15

이처럼 최봉준은 자신을 일본의 은의에 감사하는 자라 하고, 의병을 폭도로 규정하는 한편 의병을 토벌하고 일본국에 대하여 항상 감사의 뜻을 표하여 국민복리를 도모해야 함을 강조하고 있다. 한편, 최봉준은 대중연설에서 한 발짝 더 나아가 러시아 관헌에 최재형의 원조 요구는 절대로 용납할 필요가 없다고 신고하기에 이르렀던 것이다. 그리하여 두 사람 사이의 알력은 더욱 심화되었다. 나아가 최봉준은 김학만·차석보·이영춘 등과 협력하여 열심히 의병활동에 반대하였다. 그들은 여러 신문에 필히 의병의 요구에 응하지 말라는 광고를 내고 의병파가 잘못된 점을 설명하고 있다. 또 의병이라고 칭하는 자가 있으면 즉시 그의 주소, 성명 등을 신문에 광고하여 주민들에게 주의를 주겠다고 하여 최재형의 활동을 크게 제약하였다.

그 결과 1909년 7월경 블라디보스토크의 최봉준과 김학만은 최재형과 적대적인 관계에 놓이게 되었다. 그러나 1910년 5월에 들어 사태가 점차 어려워지자 최재형은 최봉준의 권고를 받아들여 상업에 종사하면서 의병과 연계를 끊는다.

최재형의 구한말 의병활동은 특별히 주목된다. 그것은 러시아 지역의 의병활동이 이범윤·유인석 등 러시아에 귀화하지 않은 정치적 망명

세력에 의해 주로 이루어졌던 시기에 그는 다른 재러한인 자산가계급과 달리 의병투쟁에 나섰기 때문이다.

최재형과 안중근

최재형은 안중근 의거를 가능하게 한 사실상의 후원자라고 할 수 있다. 윤봉길 의거의 배후에 김구가 있는 것과 마찬가지이다. 안중근은 얀치헤에서 최재형이 주도한 동의회의 발기회에 참여했다. 안중근 등 동의회 발기인들은 1908년 4월 얀치헤 최재형 집에서 회의를 열고, 동의회를 조직할 것을 결의하였다.

1908년 7월 7일 안중근은 최재형이 이끄는 동의회와 이범윤이 이끄는 창의회 등 동지 300여 명과 함께 우영장右令將으로서 포병사령관 정경무, 좌영장 엄인섭 등과 함께 두만강 연안 신아산 부근의 홍의동을 공격하였다. 그리고 경흥군 수비대 병사 2명과 헌병 1명을 사살하였다. 이처럼 활발한 활동을 전개하던 안중근 등 연해주 동의회 의병은 1908년 7월 19일 회령 영산에서 일본군에게 패배하고 말았다.

최재형은 재러한인 중 대표적인 자산가였다. 그는 많은 자산을 소유하고 있었으므로 동의회의 조직과 운영, 활동에 드는 비용 대부분을 지출하였다. 또한 국경을 넘어 러시아로 이동하는 대부분의 항일운동가 역시 거의 모두 최재형의 신세를 졌다. 물론 안중근도 예외일 수 없다. 안중근 역시 최재형의 재정적인 후원을 받을 수 있는 얀치헤 지역을 중심으로 거주하고 활동하였다. 그러나 국내진공작전 실패 이후 최재형의 안중근에 대한 후원도 점차 줄어들게 되었다.

안중근 의사

안중근은 앞서 언급한 바와 같이 최재형이 의병운동을 위해 조직한 동의회의 일원이었다. 따라서 그의 이토 히로부미 처단 계획과 실행을 위한 연구와 훈련은 최재형과 밀접한 관련을 맺고 있다. 안중근 의거는 최재형이 회장으로 있는 동의회와 사장으로 있는 『대동공보』와 밀접한 관련이 있는 것으로 판단된다. 최재형의 딸 올가는 회상기에서 다음과 같이 언급하고 있다.

부친은 한인들의 민족해방운동을 지휘하셨으며, 빨치산과 민족혁명가들과도 인연을 맺고 계셨다. 그중 한분은 노보키예프스크촌의 우리집에서 잠시 사셨다. 그분의 이름은 안응칠 또는 안의사였을 것이다. 그분은 테러행위를 준비하셨다. 벽에 사람을 3명 그려놓고 사격 연습을 하셨다. 얼마 안 있어 그이는 하얼빈으로 떠나가셨는데 이는 한 일본인 사령관을 살해하고 총살을 당하셨다. 부인과 자식들을 남겨놓으셨다. 그들이 우리집에 올 때마다 어머니는 음식을 대접하셨고, 헌 물건을 주셨다.

최재형은 안중근이 의거를 위하여 얀치혜를 출발할 때 일정한 자금을 제공하였다. 그리고 그의 의거 성공 소식을 듣고 안중근의 장거는 국가 일등공신이라고 하며 축하했다. 또한 금 400루블을 『대동공보』사에 보내 그의 의거를 찬양하였다.

안중근 단지 혈서 기념 엽서

1911년 2월에 작성된 일본의 첩보 자료는 안의사의 동생인 안정근, 안공근이 얀치헤에 빈번하게 출입하고 있으며, 안의사의 처자가 지금 얀치헤 최재형의 집에서 쉬고 있다고 보고하고 있다.

『대동공보』의 간행과 최재형의 사장 취임

1908년 하반기 이후 최재형은 『대동공보』 등 언론활동에 관심을 기울이며 무장투쟁의 시기를 엿보았다. 그러나 1910년에 들어서면서 무장투쟁의 가능성이 더욱 희박해지자 무장투쟁노선에서 애국계몽운동으로 노선을 전환하였다.

구한말 국내에서는 일제의 조선 침략이 더욱 노골화되고, 러시아에서는 한인들에 대한 배척이 더욱 심화되었다. 이 시기에 러시아에 거주하고 있던 동포들이 구국운동의 일환으로 신문을 간행하기 시작했다. 1908년 2월 26일에 간행된 『해조신문』이 그 첫걸음이었다. 그러나 이 신문은 일제의 회유와 간섭, 러시아의 압력, 한인 사이의 갈등 등이 복합적으로 작용하여 그해 5월 26일 75호로 폐간되고 말았다. 러시아 지역에 거주하는 동포들은 이에 굴하지 않고 다시 신문의 간행을 추진했다. 그 결과 1908년 11월 18일 러시아 연해주 블라디보스토크에서 창간호를 발행하기에 이르렀고, 이름을 『대동공보』라고 하였다.

오늘날 우리의 신문계를 살피건대, 내지에 몇가지 종류가 있으나 외인의 검열을 받아 자유롭게 출간치 못하며, 자유롭게 발간치 못하며, 선

안중근 의사의 단지 동맹비(연해주 크라스키노 소재)

한자를 찬양치 못하며, 악한자를 공격치 못할 뿐 아니라 신문지 폭에 먹 덤이 반반하니, 이는 붓을 잡은 자의 통곡할 바요. 보는 자의 눈물 흘릴 바이니.

– 1910년 4월 24일자 논설 「본보가 다시 발간함을 축하함」

이처럼 『대동공보』는 일본의 검열로 국내에서 자유로이 신문을 간행하지 못하던 시대적 상황 속에서 간행되었다. 그리고 1909년 6월 13일자 기사에 나와 있듯이 그 종지宗旨가 동포의 사상 계몽과 국가의 독립에 있었다.

三年 □月二十六日發行 一千九百九年五月十三日 水曜日 大東共報 (第四十號) (一)

대동공보

大東共報

ТЭДОНГКОНГБО

КОРЕЙСКІЯ ИЗВѢСТІЯ

第一卷

三九號

◉론셜(論說)

金鷄一聲大夢先覺

금둙의 혼소리에 큰꿈을 몬져 깨임

하로날 저녁에 서안을 의지하야 서젹을 열남하다가 서창을 열고 바다보니 갈으로 불어오는 맑은 바람은 ...

『대동공보』

본사의 종지는 동포의 사상을 개도하여 문명한 대로 나아가게 하며, 국가의 독립을 흥복하여 부강한데로 나아가게 함인 즉

–『대동공보』 1909년 6월 13일자 「고본금 모집광고」

『대동공보』는 러시아에 거주하고 있는 한인들에게 항일의식을 고취하고자 노력하였다. 그러므로 일제는 1909년과 1910년 동안 총 88회에 걸쳐 이를 압수하였다. 특히 1909년에는 57회에 걸쳐 2,235부가 압수되어 국외에서 간행된 신문 중 가장 자주 압수당하는 수모를 겪었다.

한편 『대동공보』는 러시아에 살고 있는 동포뿐 아니라 만주에 거주하고 있는 동포로부터도 적극적인 지지를 받았다. 이와 같이 『대동공보』는 1908년 11월 창간된 이후 1910년 9월 1일 폐간될 때까지 국내외의 동포에게 항일의식을 심어준 대표적인 민족지의 하나였다.

1904~1905년 러일전쟁에서 승리한 일본은 러시아의 양해 아래 한국에 대한 점령정책을 추진해나갔다. 이 정책은 1907년 러일 간의 비밀협정에 의해 더욱 확고히 추진되었다. 이러한 안정된 러일관계를 바탕으로 일본이 러시아 정부에 러시아 지역에서 전개되고 있는 한인독립운동을 억압해줄 것을 요청하자 러시아는 이에 응하였다.

한편 재러한인은 1905년 러시아 극동 지역에 운테르베르게르 장군이 연흑룡주 총독으로 부임함으로써 더욱 곤란한 상황에 처하게 되었다. 당시 총독은 그 지역의 행정관이자 총사령관이었는데, 새로 온 총독은 1900년에 '조선인 경계론'을 주장한 인물이었다. 그의 저서 『연해주, 1856~1898』에서 그는 "모든 면에서 살펴볼 때(종교·관습·습관·사

고방식·경제적 생활실태) 조선인들은 우리에게 완전한 이방인이며 러시아인과의 융합은 극히 힘들다"라는 입장을 보이고 있었다. 그리하여 그는 러시아 극동의 한인들에게 억압정책을 추진하였다. 한인들에게 더 이상 러시아 국적을 얻을 수 없게 하였고, 귀화인들이 정부 소작지를 경작하는 것도 금지하였으며, 조선인 노동자들을 금광에서 해고시켰다.

이처럼 재러한인들이 어려움에 처해 있었으나 1905년 11월 을사늑약이 체결된 이후 다수의 한인들이 정치·경제적 이유로 인해 러시아 지역으로 이동하였다. 이들은 정치적 망명을 한 인사들을 중심으로 재러한인들에게 민족의식을 고취하고자 하였고, 그들의 이러한 노력은 어느 정도 성공을 거두게 되었다. 다시 말해 재러한인 사회는 그 이전 시대에 비해 항일의식이 고양된 상태였다.

이러한 상황을 배경으로 하여 간행되었던 『해조신문』이 폐간된 후 러시아 지역에서 활동하던 유진률·차석보·문창범 등은 신문의 재간을 위해 노력하였으며, 특히 유진률은 1908년 5월 28일자로 연해주 군지사軍知事에게 『대동공보』의 간행을 허락해달라고 것을 청원하였다.

신문의 간행이 허가되자 1908년 8월 15일(러시아력)에 제1차 발기인 총회를 개최하였고, 그 회의에서 유진률·차석보·문창범 등 35인이 발기하여 신문을 간행하기로 결정하였다. 그리고 『해조신문』의 사장이었던 최봉준으로부터 인쇄기, 활자 등 신문의 간행에 필요한 제반 기계를 구입하기 위해 자본금을 모으기로 했다. 그리고 9월 1일에 창간호를 간행하고자 하였으나 자금이 여의치 않아 지연되던 중 발기인 가운데 한 사람인 차석보의 담보로 최봉준으로부터 인쇄시설 등을 구입하였고,

블라디보스토크의 한인 노동자들

1908년 11월 18일 드디어 창간호를 간행하기에 이르렀다.

신문사가 창립되자 『대동공보』사에서는 신문의 주요 간부를 임명하였다. 사장에는 활자 및 기계구입에 노력한 차석보가, 발행인 겸 편집인은 유진률이, 주필은 윤필봉이, 회계는 이춘식이, 지방계는 박형유, 기자는 이강, 발행 명의인은 러시아인 미하일로프가 각각 담당했다.

『대동공보』사는 처음에는 사무소를 블라디보스토크 한인 거류지 제600호로 정했다. 그 후 1909년 5월에는 블라디보스토크 한인 거류지 469호로 이전했다가 1910년 4월 24일에는 다시 블라디보스토크 카레이스카야 67호로 옮겼다.

『대동공보』는 『해조신문』과 마찬가지로 한글로 되어 있다. 그 이유는 러시아 지역에 거주하고 있는 우리 동포들이 대부분 농민과 노동자이기 때문일 것이다. 그리고 『해조신문』이 일간 신문임에 비해 『대동공보』는 매주 2회 간행되었다.

처음에는 일요일과 수요일에 간행하다가 1909년 5월 30일부터 신문을 확장하면서 일요일과 목요일에 간행하였다. 신문의 지면은 4면으로 이루어져 있었으며 때에 따라서는 6면을 간행하기도 하였다. 처음에는 각 면이 6단이었으나 1909년 5월 23일부터 8단으로 바뀌었다.

『대동공보』의 체재는 논설 · 전보 · 외보 · 제국통신 · 잡보 · 비유소설 · 광고 · 특별광고 · 잡동산 · 별보 · 기서 등으로 이루어져 있었다. 이 가운데 제국통신은 국내 소식을 전하는 난으로 일제에 대한 비판 기사도 상당량 싣고 있다. 잡보에서는 재러한인 사회의 동정과 러시아 총독의 동정 등에 관심을 보이고 있으며, 러시아에 거주하고 있는 동포 시노자들

블라디보스토크 개척리의 고려인 거리

이 주로 기사를 작성했다.

『대동공보』는 기부금을 주된 재원으로 하여 운영되었다. 대동공보사는 1만 루블의 주식으로 시작하고자 하였다. 이를 위해 처음에는 1주에 50루블을 목표로 모금하였으나 모이지 않은 돈이 3,500루블이나 되었다. 이에 대동공보사에서는 재정난을 극복하기 위하여 1909년 6월 13일자 「고본금모집광고」를 통하여 1주당 5루블로 나누어 모집한다고 밝혔다.

또한 1909년 11월 4일부터 사고로 재정의 어려움을 호소하는 한편 1909년 1월 17일에는 「본사특별고백」이란 제목 아래 본사에 재정이 어려워 정간할 위기에 있으니 각처에 있는 애독자들의 지원을 호소하였다.

한편 대동공보사에서는 유지단有志壇도 조직하였다. 이 단체는 대동공보사 주주와 기타의 자로 구성되었으며, 신문의 유지를 위하여 다소의 의연금을 갹출하는 조직이었다. 대동공보사에서는 이들에게 재정적인 지원을 호소하였으며, 이들 역시 자금을 희사하였다. 그리고 명단과 희사금액을 신문에 게재하였다.

『대동공보』는 1908년 11월 18일 창간된 이후 재정적인 어려움에도 불구하고 꾸준히 간행되었으나 우여곡절로 인하여 여러 번 정간되는 사태가 벌어졌다.

『대동공보』 기자 이강

블라디보스토크 동포의 이목으로 발간되는 신문은 아직 임자를 만나지 못하여 여러 번 발간하다가 여러 번 정간되므로 우리가 심히 애달프게 알던 바더니

–『신한민보』 1909년 4월 14일자

1909년 1월 20일에 재정문제로 한 달여 동안 신문이 간행되지 못하자 최재형을 중심으로 유진률·이상운·박인협·차석보·고상준 등이 발기하여 1909년 1월 31일 특별 고주회를 개최하였다. 이 회의에 참석한 70여 명의 고주들은 『대동공보』를 다시 발간하기로 결정하고 앞으로 할 일을 다음과 같이 공포하였다.

1. 본사에서 새로 선정한 임원은 사장에 최재형, 부사장에 이상운, 발행

인에 유진률, 총무에 박인협, 재무에 이상운.

1. 본사에서 고금을 거두는 데 편의함을 위하여 매달 5원씩 나누어 받되 매달 초 일일에 받게 한다.

1. 본사에서는 주필 미하일로프 씨의 성의를 치하하기 위하여 본사사장 이하 각 임원과 고주들이 모여 연회를 열고 씨를 청하여 치하하는 글을 써주다. 주필 미하일로프가 재정난을 알고 월급 100원을 받지 않고 명예로 시무.

1. 본사에서 신문 기계와 잡물을 매입하였는데 기금은 차석보에게 대용하고 매달 100원씩 감보하기로 한다.

그리고 1909년 3월 3일부터 신문을 재간했다. 이후 『대동공보』의 내용은 그 이전보다 강한 항일적인 성격을 지니는데 그것은 과격파로 알려진 최재형이 사장으로 취임했기 때문이다. 아울러 1909년 5월 23일부터는 4면을 8단으로 하여 내용을 더 많이 실었다. 그리고 1면에는 『대동공보』를 한글과 한자로 적어 넣고, 지구 위에 닭이 우는 형상을 그렸다. 또한 러시아어로 『대동공보』(ТЭДОНГ КОНГБО)라 쓰고, 닭의 그림 위에 단군 개국 사천이백사십일 년 십일 월 십팔 일 창간이라고 기록했다. 그리고 1909년 5월 26일자부터 『사기』 동국사략, 학부 가정교육, 농학입문 등을 게재함으로써 재러한인의 민족의식 고취에 그 이전보다 더욱 적극성을 보이고 있다.

『대동공보』는 1910년 1월 2일자(2권 13호)가 간행된 이후 또 한 번 정간되었다가 1910년 4월 24일부터 다시 간행되었다.

> 슬프다, 본 항구에 거류하는 한인들이 당파를 나누어 서로 싸움이 소장 안에 큰 환란이 일어 초한 전쟁과 같이 소요하며 …… 이로 말미암아 본보가 폐간되며 기타 사회가 뎡졍뎨되야 아령에 있는 수십만 동포가 다 흑암시대에 들어
>
> －1910년 4월 24일자 『대동공보』 「본보가 다시 발간흠을 축하흠」

위 논설은 블라디보스토크에 거주하는 동포 간의 당파싸움으로 인해 신문이 정간되었음을 밝히고 있다. 이에 『대동공보』에서는 1910년 4월 28일자 논설 「본 항구에 있는 동포지사는 당파의 분쟁을 속히 평화할지어다」라는 논설을 게재하여 기호파와 평양파가 싸움을 근절할 것을 촉구하였다. 그리고 『대동공보』 1910년 4월 24일자 「본보계간의 역사」에서는 1910년 4월 『대동공보』를 다시 발간하기 위하여 주주총회를 여러 번 개최하였으나 지역 갈등으로 유회되었다가 결국 함경도 출신인 최재형이 사장이 되어 다시 간행하기에 이르렀다고 밝히고 있다. 다시 간행된 『대동공보』는 제호와 지면을 그대로 하고 매주 목요일과 일요일 2회에 걸쳐 간행하기로 하였다. 그 후 1910년 4월 24일 제 1호를 간행한 다음 1910년 9월 1일자를 마지막으로 러시아 관헌에 의해 강제 폐간당할 때까지 계속 발행되었다.

04 일제의 조선 강점과 독립운동의 전개

일본의 최재형 체포 시도

1910년 일제의 조선 강점 이후, 일본은 1911년 항일운동에 적극적으로 참여하던 최재형을 러시아의 손을 빌어 처지하기로 결정하였다. 일본은 첩보원들의 도움을 통해 최재형이 일본 정권과 비밀스러운 관계를 갖기 시작한 것처럼 정보를 날조하였다. 헤이룽강 연안 군관구 참모장은 그러한 정보를 접하고는, 연해주 군정 총독 스베친에게 다음과 같이 통보하였다.

> 참모부에 들어온 정보에 의하면 노보키예프스크에 거주하는 그 지역의 가옥 소유자이자 얀치헤 마을의 읍장인 최는 굉장히 위험하고 수상한 사람으로서 일본 정부와 비밀스러운 관계를 갖고 있을지도 모른다고 했습니다. 조선의 천대받는 계층 출신으로서 결국 러시아 경내로 옮아온 최는 그가 자기 조국에 거주할 때 받았던 모든 능욕에 대해 자신의 동족과

자신의 국가를 상대로 복수를 하기 시작했습니다. 그때 러일전쟁이 종결 에 따라 최는 도쿄에 가서 반년 쯤 거주하였고, 이때 그는 일본 정권과 비밀회담을 가졌습니다. 이 여행에서 돌아온 최는 가난하고 억압받는 조선 국민들을 동정하는 척하면서 새로이 발생한 빨치산 운동의 선두에 서고자 노력하였는데 곧 이에 성공을 보았습니다. 이 모든 것은 빨치산들이 바로 최에 의하여 일본인들에게 넘겨줌을 당하는 사태로 몰고 갔으며, 이제는 조선인들이 최를 다른 눈으로 보도록 만들었습니다.

진술된 내용을 바탕으로 관구 참모부는 최재형을 러시아에서 추방할 것을 청원하였다. 그러나 연해주 지방 행정부는 그를 추방하는 데 반대하였다. 지방 행정부는 그를 러시아에 남아 있게 하기로 결정하였다. 우수리 철도국 경찰국장 세르바코브는 조선애국지사의 추방에 결연히 반대하면서, 연해주 군정 총독 스베친에게 다음과 같은 편지를 썼다.

나는 조선인 최가 러시아로가 아주 믿을 만한 진실한 애국자라는 것을 잘 압니다. …… 러시아 정권과 조선인들 앞에서 자기네들의 비위에 맞지 않는 인물들에게 치욕을 주는 것이 보통 일본인들이 사용하는 전술로, 작년에 이는 빛나는 성공을 거두었습니다. 그들은 똑같은 방법을 또 쓰려고 하고 있습니다.

즉 러시아의 손을 빌려 자기들의 적을 박멸하려 하는 것입니다. 그 적들 중 하나가 바로 최인데, 그는 자금을 소유하고 있으면서 빨치산 운동을 비밀리에 행함으로써, 러시아 정부에 그를 고빌할 만한 증서를 내보일 수 없게 하였으므로 그는 일본인에게 손꼽히는 적입니다. 일본인들은 그를 매수하고자 하였으나 성공하지 못하였습니다.

결국 최재형은 추방을 면할 수 있었다.

연해주 지역의 대표적인 독립운동단체, 권업회

1910년 일제에 의해 조선이 강점된 후 망국민이 된 러시아 연해주 지역의 동포들은 재러동포들의 권익과 조선의 독립을 위하여 1911년 12월 19일(러시아력 12월 6일) 블라디보스토크 신한촌에서 권업회를 조직하였다. 이 단체는 한인들이 러시아에서 러시아 당국의 공식인가를 받고 조직한 최초의 한인단체로서, 1911년부터 1914년까지 4년 동안 연흑룡주 지역의 대표적인 재러한인의 권익옹호기관이자 독립운동단체로 활동하였다. 아울러 동 시기에 자바이칼 치타 지역에서 조직된 대한인국민회 시베리아지방총회와 함께 러시아 지역 한인단체의 양대 산맥이었다. 그리고 최재형은 바로 이 단체를 조직하는 데 중추적인 역할을 하였을 뿐 아니라 회장으로서 활발한 활동을 전개하였다.

1911년 6월 1일 함경도파의 모임인 함북청년회 회원인 이종호·김익용·강택희·엄인섭 등의 발기로 러시아 블라디보스토크 신한촌 조창호의 집에서 권업회의 발기회가 개최되었다.

발기회에서는 먼저 임시임원을 선출하였는데, 최재형이 회장에 선출되었다. 부회장은 홍범도, 총무 김익용, 서기 조창호, 재무 허태화, 의원

김그리고리·엄인섭·류기찬·오창환·조장원·김기룡·김태봉 등이었다.

이들 구성원을 보면 주요 인물의 대부분이 함경도파였는데 회장 최재형, 부회장 홍범도, 총무 김익용 등 주요 간부가 그러하였다. 또한 이들은 의병활동과 애국계몽운동 양면에 적극적이었던 최재형과 의병장으로 널리 알려진 홍범도 등이 주요 위치에 있는 점으로 보아 운동노선상 애국계몽운동 계열과 의병 계열의 연합이라고 보아도 큰 무리는 없을 듯하다. 그리고 임시사무소는 함경도파인 조창호의 집으로 하였다. 아울러 권업회에서는 지회설립 권유위원을 노보키예프스크, 니콜라예프스크, 리포, 수청 등지에 파견하는 한편 이종호·홍병일 등에게 러시아 관청에 교섭하여 러시아 극동 총독 곤다치의 공식 허가를 얻도록 노력하게 하였다. 이를 위하여 권업회에서는 본회규칙인허를 순무부에 청원할 때 오로지 한인의 사업으로 러시아인과 협동한다는 뜻으로 포랴노브스키에게 그 규칙의 책임을 담당하도록 하였다.

권업회 발기회는 1911년 7월 3일(러) 블라디보스토크의 청년들이 만든 청년근업회와 합하였다. 이를 계기로 권업회 발기회는 그 세를 확장시켜 나갔다. 이어서 임원개선이 이루어졌다. 회장은 최재형이 담당하였고, 총무 김익용, 서기 이근용, 김기룡, 재무 김와실리, 의원 김규섭·김형권·한형권·이형욱·김치보·조창호, 신문부원 이종호·유진률 등이었다. 주요 간부의 구성을 보면 회장, 총무 등 기본 골격은 그대로 두었다. 즉 함경도파가 주요 직책을 계속 차지하고 있었던 것이다.

그 밖에 서기, 재무, 그리고 의원 가운데 김규섭·김형권·한형권·이형욱·김치보·유진률 등이 새로 영입되었다. 이들 가운데 누가 청년근

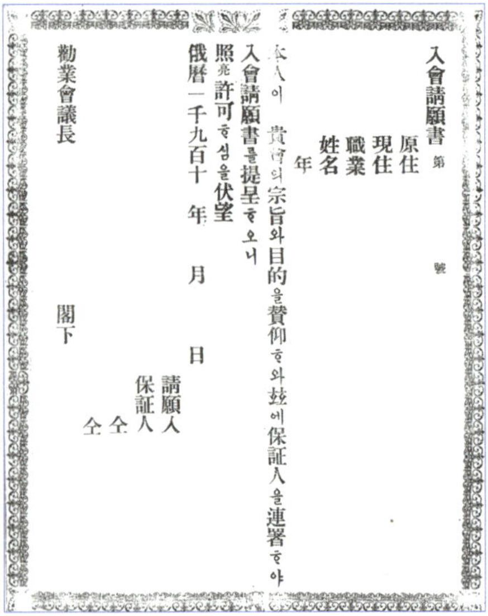
入會請願書 第　號
原住
現住
職業
姓名　年

本人이 貴會의 宗旨와 目的을 賛仰ᄒᆞ와 玆에 保証人을 連署ᄒᆞ야
入會請願書를 提呈ᄒᆞ오니
照亮許可ᄒᆞ심을 伏望
俄曆一千九百十　年　月　日

請願人
保証人
仝
仝

勸業會議長　閣下

권업회 입회 청원서

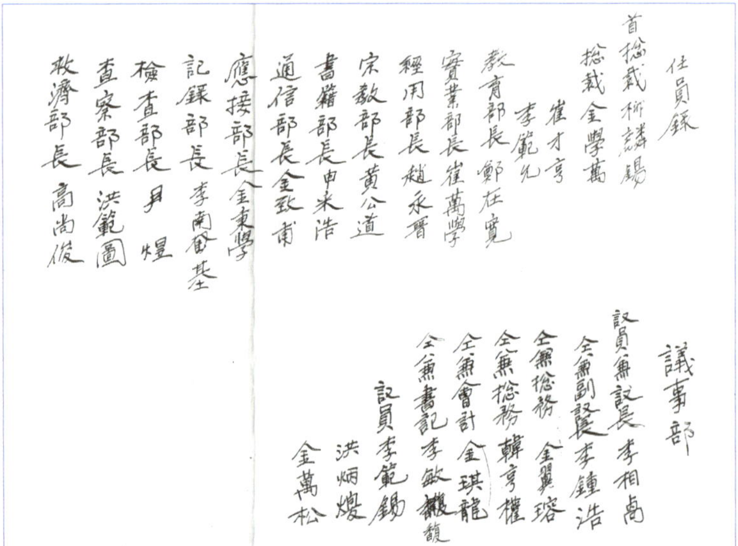
任員錄

首總裁 柳麟錫
總裁 金學萬
崔才亨
李範允
教育部長 鄭在寬
實業部長 崔萬學
經用部長 趙永晋
宗教部長 黃公道
書籍部長 申采浩
通信部長 金致甫
應接部長 金東學
記錄部長 李南基
檢查部長 尹 煜
查察部長 洪範圖
救濟部長 高尚俊

議事部

議員兼議長 李相卨
仝兼副議長 李鍾浩
仝兼總務 金翼瑢
仝兼總務 韓亨權
仝兼會計 金琪龍
仝兼書記 李敏馥
議員 李範錫
洪炳煥
金萬松

권업회 임원록

업회 출신인지는 정확히 알 수 없으나 회장 최재형, 의원 김규섭, 신문부 유진률 등이 청년근업회에서 간행하는 신문인 『대양보』의 주요 인물인 점을 보면 이들 역시 청년근업회의 구성원들이었을 것으로 생각된다. 특히 『대양보』의 사장이었던 최재형이 권업회 발기 때부터 회장에 취임한 것을 보면 최재형의 노력으로 이들 두 단체가 연합한 것이 아닌가 한다.

권업회 발기회에서는 청년근업회의 재정과 사업을 인수하였다. 1911년 7월 10일(러)에는 근업회 재정 905루블 90코페이카를 인수하였다. 그리고 근업회에서 1911년 6월 5일부터 간행하던 『대양보』도 인수하였다.

권업회는 점차 그 세력을 확장해나가는 가운데 블라디보스토크 지방재판소로부터 단체의 설립 허가를 받고, 이어서 1911년 10월 24일(러)에는 러시아 연해주 지역 한인 농민인 홍 빅토르 세르그페비치·김 야코브 이바노비치·홍 바벨 파블로비치·안 라만 이바노비치·김 인노겐치 이바노비치 등 5명의 명의로 연해주 군지사에게 권업회의 공식 허가를 요청하였다. 이러한 가운데 러시아 당국에서는 한인들을 효과적으로 관리하기 위해 이를 적극적으로 추진하였다.

1911년 12월 19일에 블라디보스토크 신한촌 내 한민학교에서 권업회의 공식적인 창립총회가 개최되었다. 창립총회에서는 임원을 선거했는데 의장 이상설, 부의장 이종호, 총무 김익용·한형권, 재무 김기룡, 서기 이민복, 의원 이범석·홍병환·김만송 등이었다. 즉 이종호·이상설 등이 중심이 되어 권업회를 조직했던 것이다. 이외에 특별임원의 수

이동휘

이종호

홍범도

총재는 류인석, 총재는 최재형과 함께 이범윤·김학만·최봉준 등이 담당하였다.

한편 권업회는 연해주의 러시아인 주요 인사들을 명예회원으로 가담시켰다. 연흑룡주 총독 곤다치를 위시하여 연해주 군지사 마나킨 장군, 블라디보스토크 연구기관 교수인 포드스타빈, 러시아정교 주교감독국의 기관비서 포라노브스키, 블라디보스토크 자치기관 회원이며 퇴역 참모부 준대위인 듀코프 등이 그들이다. 이들의 가입에는 최재형 등 러시아 세력과 밀접한 관련이 있는 인물들의 기여가 컸다.

이처럼 권업회는 재러한인 세력의 총결집체로서 러시아 당국의 절대적인 지지하에 조직된 단체였다. 그리하여 권업회는 러시아 당국의 영향권하에 있는 재러한인사회의 대표기구로서 활동할 수 있었다. 이제 한인들에게는 러시아의 영향을 어떻게 이용하면서 재러한인의 권익과 한인독립운동을 추진해갈 것인가 하는 문제가 주요한 과제가 되었다.

류인석

이상설

포드스타빈

이처럼 조직된 권업회의 종지宗旨는 그 명칭에서 알 수 있듯이 재러동포에게 실업을 권장하며, 노동을 소개하고, 교육을 보급시키는 것이었다. 명칭을 권업회라고 한 것은 일본의 방해를 피하기 위한 것이었을 뿐 사실상 이 단체는 독립운동기관이었다. 그러므로 권업회의 목적과 이념은 시베리아 한인사회의 이익을 승진시키는 권업(경제)문제와 항일운동을 강력히 추진하는 항일(정치)명제를 결부시키는 전술을 취하면서 끝내는 조국독립을 달성하고자 하는 데 있었고, 이러한 권업회의 목적은 극동 총독 곤다치도 인가할 때 미리 알고 있었다. 노령 연흑룡주 총독인 그는 1912년 2월 블라디보스토크 주재 오토리大鳥 일본 총영사에게 한인 독립운동가, 『권업신문』, 권업회의 취체를 약속했음에도 불구하고 이를 이행하지 않았으며, 오히려 1912년 2월 16일(러) 자진해서 권업회의 명예회원이 되어 일본인들을 놀라게 하였다. 또한 창립 1주년에는 축하전문을 보내기도 하였다.

권업회 기관지로 발행된 『권업신문』

그 후 권업회에서는 몇 번의 임원개선이 이루어졌다. 1913년 10월 6일 특별총회와 1914년 1월 19일 정기총회에서 최재형이 각각 회장에 임명되어 권업회에서 중추적인 역할을 담당하였다.

『대양보』 사장

권업회는 1911년 6월 1일 발기한 이후 1911년 7월 3일(러) 청년근업회와 통합하였다. 당시 청년근업회에서는 1911년 6월 18일부터 『대양보』를 발행하고 있었는데 최재형이 『대동공보』에 이어 사장을 맡았다. 그리고 주필에 신채호, 총무에 차석보, 발행인 김대규, 회계 김규섭, 노어 번역 유진률, 서기 김만식, 집금계集金係 이춘식 등이 활동하였다. 이에 권업회 발기회에서는 신문부원으로 이종호·유진률 등을 임명하고 『대양보』를 권업회의 기관지로 활용하고자 하였다.

권업회에서는 대양보사社를 칭거우재로부터 신한촌으로 옮기기 위하여 1911년 7월 16일(러)부터 신한촌의 가옥 수리에 착수하였다. 그 후 7월 26일(러)에 대양보사를 신한촌으로 옮기고 신문을 계속 발행하였다.

『대양보』의 체제는 『대동공보』와 같았고, 한글로 된 4면 신문이었다. 그리고 주 2회 목요일과 일요일에 발간되었다. 신문의 논조는 일본의 조선 통치를 맹렬하게 비난하는 등 항일적인 기사 일색이었다. 『대양보』는 곧 발행인 겸 편집인에 유진률을 임명하고 7호까지 간행하다가 유진률과 이종호 사이에 의견 충돌이 생겨 휴간하게 되었다. 그 후 의견을 조정하여 8월 27일 제8호를 발간하기에 이르렀다. 또 9호는 8월 27

신채호

장도빈

일 목요일이 정기 간행일이었으나 2일 늦추어 국치일인 29일에 일제의 조선 강점 특집호를 간행하였다. 주요 내용은 항일에 대한 것이었으며, 평소 300부 간행하던 것을 1,400부 간행하여 무료로 배부하였다. 그러나 『대양보』는 13호를 내고 또 유진률과 이종호 간의 의견 대립으로 인해 9월 14일 발행인 겸 편집인 유진률이 사직하기에 이르렀다.

『대양보』에서는 유진률의 후임으로 러시아인 포랴노브스키, 듀코프, 판데레프 등 3명을 명예직으로 추천·임명하고 다시 신문의 간행을 도모하고자 했으나 이루어지지 못했다. 왜냐하면 9월 17일 밤 약 1만 5,000개의 활자를 도난당하는 사건이 발생하여 신문 발간에 차질을 빚었기 때문이다. 결국 『대양보』는 휴간할 수밖에 없었다.

그러한 가운데 이종호가 권업회 발기회를 조직하였다. 그리고 재정문제로 인해 신문사도 권업회로 넘어가게 되었다. 그 후 1911년 12월 19일 러시아의 인정하에 공식적으로 블라디보스토크 한민학교 내에서 권업회가 창립되자, 권업회는 신문부를 따로 두어 신문 간행의 의지를 보였다. 그리고 신문부 총무에 한형권, 부장 겸 주필에 신채호·이상설·장도빈, 부원에 박동원·이근용 등을 임명하여 간행을 준비하고, 1912년 2월 29일에 포랴노브스키, 포드스타빈과 듀코프를 명예회원으로 입회시키는 한편 신문 발행인을 듀코프로 정하고 순무부에 『권업신문』의 허가를 청원하였다. 아울러 동방학 연구소의 교수로서 한문과 한국어에 능한 포드스타빈에게 이 작업의 지도 감수를 요청하였다.

1912년 4월 4일(러)에 개최된 1912년 제1회 총회에서는 교육, 종교, 농업권장, 노동소개, 금융 등과 함께 신문 간행을 본년도 사업으로 정하였고, 동년 4월 7일(러)에 『권업신문』 인가장을 러시아 당국으로부터 접수하였다. 이제 『권업신문』은 간행을 위한 모든 구비조건을 갖추게 되었고, 마침내 1912년 4월 22일(러) 『권업신문』 제1호를 석판 인쇄로 창간했다.

재러한인 노령이주 50주년 기념

1914년 러일전쟁 10년을 맞이하여 일본에 대한 복수심이 절정에 이른 러시아가 다시 개전할 조짐을 보이자 권업회는 대한광복군정부를 조직하고자 하였다. 또한 노령이주 50주년 기념대회를 개최하고 그 시기를 이용하여 재러한인의 민족의식을 고취시키는 한편 군자금을 모금하고자 했다. 이 행사를 주도한 인물이 바로 최재형이었다.

한인이주 50주년 기념에 대하여 『권업신문』에 구체적인 과정에 대한 기사들이 많이 실려 있다. 1914년 1월 4일자에는 「노령거주 50년 기념」이라는 잡보를, 1914년 1월 11일에는 「한인의 노령이주 50년」이란 논설이 각각 실려 있다. 그리고 앞의 논설에서는 한국인이 1864년에 지

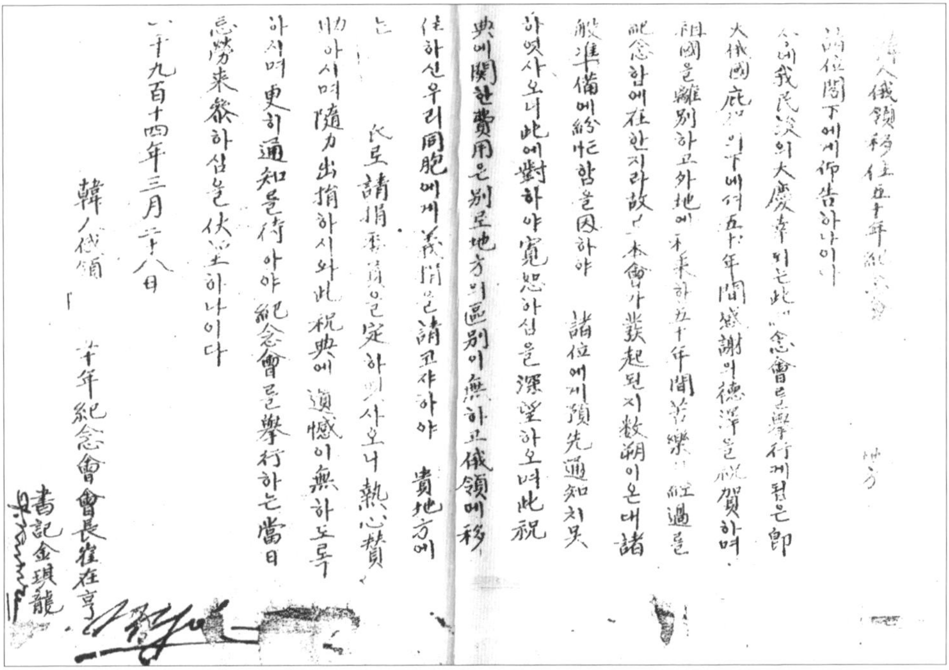
韓人俄領移住五十年紀念會
諸位閣下에게仰告하나이다
今에我民族의大慶幸되는此紀念會를擧行케됨은卽
大俄國庇蔭之下에서五十年間感謝의德澤을祝賀하며
祖國을離別하고外地에來하야五十年間苦樂을經過를
紀念함에在한지라故로本會가發起된지數朔이온대諸
般準備에紛忙함을因하야 諸位에게預先通知치못
하엿사오나此에對하야寬恕하심을深望하오며此祝
典에關한費用은別로地方의區別이無하고俄領에移
住하신우리同胞에게義捐을請코자하야 貴地方에
는 氏로請捐委員을定하엿사오나熱心賛
助하시며隨力出捐하시와此祝典에遺憾이無하도록
하시며更히通知를待하야紀念會를擧行하는當日
忌勞來參하심을伏望하나이다
一千九百十四年三月二十八日
韓人俄領 五十年紀念會會長崔在亨
書記金琪龍

한인 노령이주 50주년 기념 포고문

신허의 모퉁이로 이주한 지 50주년을 맞이하여 1913년 6월경부터 이를 기념하기 위한 움직임이 있다가 총독의 승인을 얻었다고 밝히고 있다. 그리고 그때를 맞이하여 한인이주의 역사를 서술하고 기념될 만한 일을 준비하고자 한다고 밝히고 있다.

권업회에서는 제2차 지방대표위원회를 소왕령 권업회 회관에서 열고 각 지방 대표위원 30여 명이 참여한 가운데 기념예식 절차와 예산 등을 결정하였다. 기념식은 블라디보스토크에서 1914년 9월 21일(러)

에 하기로 하였다. 사실 한국인이 최초로 이주한 곳은 지신허이나 편의상 블라디보스토크에서 하기로 한 것이었다. 날짜를 9월 21일로 결정한 이유는 러시아 기록에 노보고로드 지역장이 연해주 지역 총독에게 지신허로의 한인이주에 대해 공식적으로 보고한 첫날이기 때문이었다.

또한 기념일에는 러시아 황제의 은혜에 감사하는 의미로 알렉산드르 2세, 알렉산드르 3세, 니콜라이 2세의 기념비를 세우기로 하였다. 기념비는 포시에트(목허우)에 세우되 동년 9월 28일(러)에 입비식을 거행하기로 하였다. 기념예식에 참여할 인원은 각 지방에서 파송한 대표원과 개인들의 뜻대로 하되 러시아 지역 각지에 있는 각 학교의 학생은 권업회에서 여비를 제공하여 참석토록 하였다.

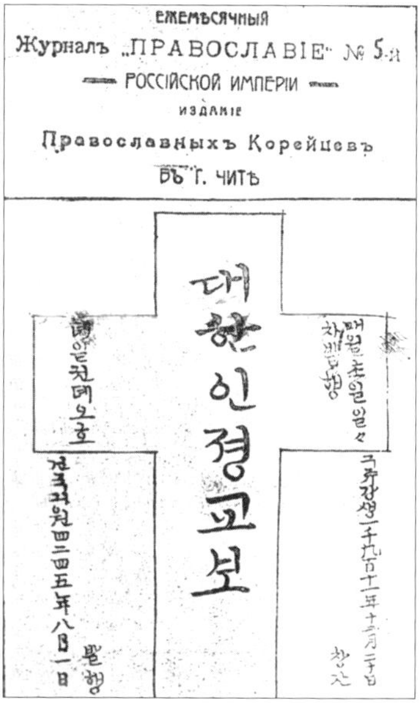

「대한인정교보」

그리고 미주와 중국 지역에 있는 한인단체에도 청첩장을 보내어 참여하도록 하였다. 이는 젊은 한인들에게 민족의식을 고취시키기 위해서였는데 그 점은 러시아 치타에서 대한인국민회 시베리아 지방총회의 기관지로 간행된 『대한인정교보』 10호(1914년 5월 1일 발행)에 실린 논설 「한인 아령이주 50년 기념에 대하여」에 잘 나타나 있다.

그리고 기념회에서는 한인의 50년 역사를 한문과 러시아어로 편찬하고자 하였다. 이를 위하여 권업회에서는 1913년 12월 18일 포드스타빈 교수 집에서 Н. С. 최, 이종호, Н. И. 김, М. П. 팀(ТИМ) 등이 모인 가운데 논집을 만드는 문제를 논의하였다. 여기에서 논문 작성은 포드스타빈에게 위임하고 책은 기념행사에 참여한 사람들에게 제공하기로 하였다. 아울러 논문 작성을 위한 자료 수집을 위해 관계기관, 직원, 노인들에게 서류, 사진, 회고록 등을 제출하도록 했다.

한편 축제일에는 연해주 곤다치 총독을 위시하여 이 지역의 주요 인사들을 초대하기로 하였으며 그 식순은 다음과 같이 하기로 하였다.

1. 개회
2. 황제 폐하에 대한 충성의 표현
3. 축사
4. 역사논집 낭독
5. 행사기관의 위원회 성립 공시
6. 존경하는 시민에게 역사논집의 견본 증정
7. 축전, 축하 편지 등의 낭독
8. 러시아 국가 제창
9. 폐회 후 손님들에게 차 대접
10. 피로연 개최

여기서 주목되는 것은 러시아의 공식 인가를 받은 권업회 주체이므로 러시아 황제에 대한 충성 그리고 러시아 국가 제창 등이 행해진다는

「대한인정교보」를 발행한 대한인국민회 시베리아 지방총회 임원들

점이다.

권업회에서는 기념회 경비를 총 3만 8,700루블로 예상하고, 이를 한인들의 의연금으로 충당하고자 하였다. 지출 예상 비용은 기념비 3,000루블, 기념연비 3,000루블, 역사출간비 1,500루블, 학생내왕비 1,000루블, 정교교가 연습비 200루블, 노령한인 교육비 3만 루블 등이었다. 권업회에서는 이 가운데 일부 또는 여기서 남는 비용을 군자금으로 활

용하고자 하였다.

권업회에서는 50주년 기념회의 명예회장에 포드스타빈 박사를 추천하였으며, 한인 아령이주 50년 기념회의 회장은 최재형이, 서기는 김기룡이, 재무는 한세인이 각각 담당하였다. 그러나 이 행사는 1차 세계대전의 발발로 개최될 수 없었다.

1차 세계대전이 발발한 이후 일본과 러시아의 관계가 호전되자 조선독립운동계는 큰 타격을 입었다. 1915년 8월 일본은 최재형 등 한인지도자 28명의 추방을 러시아에 요청하였다. 일본은 최재형이 권업회 창건자의 한 사람으로서 한국의 독립달성을 위해 1만 5,000 루블의 기금을 모았다는 혐의를 적시했다.

최재형은 1915년 11월 3일 1차 세계대전에서 러시아군을 후원하기 위한 휼병금 모금을 위해 블라디보스토크 신한촌에서 휼병회 발기회를 조직했다. 그럼에도 불구하고 1916년 8월 러일신협약으로 인해 블라디보스토크에 거주하는 한인들에 대한 탄압이 가중되어 주요 한인 지도자들인 김도여·이종호의 가택이 수색당하고, 최재형이 포박당했으며, 김립·이현재 등이 체포당한 사건이 발생했다. 그리하여 최재형은 니콜리스크 우수리스크 군 소재지에 감금되었다. 그곳에는 최재형의 전처 소생 장녀가 살고 있었다. 그녀의 남편 김 야코프 안드레에위츠는 한때 최재형에게서 글을 배웠는데 교편을 잡으면서부터 군 상류층과 연계가 있었다. 따라서 최재형은 그들의 도움으로 무사히 석방될 수 있었다.

최재형과 그의 형 알렉세이 그리고 조카 최 레프(1915)

러시아 혁명 발발과 고려족 중앙총회 참여

1917년 러시아 2월 혁명 이후 러시아에 귀화하지 않은 최재형 등 귀화 한인들은 러시아 한인사회를 결집하고자 하였다. 그리하여 동년 6월 4일 우수리스크에서 전로한족대표자회의를 개최하였다. 본 대회에서는 러시아 임시정부를 지지하기로 결정하였다. 임시정부에 축전을 보내는 한편 임시정부가 승리할 때까지 전쟁을 지속적으로 전개할 것을 지지하였다. 또한 항일운동보다는 러시아 내에서의 귀화한인들의 자치와 권리 신장에 적극 노력하였다. 이에 항일운동에 보다 관심을 기울이고 있던 비귀화한인들의 반발을 샀다. 그 결과 우수리스크에 귀화한인만으로 고려족중앙총회를 조직하게 되었다.

고려족중앙총회에서는 연해주 지역 4개 의석을 두고 입후보한 원동의 9개 당파 가운데 연해주촌민회 지지운동을 전개하여 당선시키는 데 성공하였다.

최재형 등은 연해주촌민회에 지지 조건으로 ① 시베리아 정부 독립 지지 ② 시베리아 독립 시 선거에 한족대표 두 사람 참여 ③ 5년 이상 거주 한인에 대한 토지소유권 인정(국적 취득 여부 불문) 등을 내세웠다.

최재형의 연해주촌민회지지 입장은 『한인신보』(23호, 1917년 12월 23일자) 「최씨의 본사 방문」에 잘 나타나 있다. 기사 내용을 그대로 옮겨보면 다음과 같다.

얀치혜남도소 사장 최재형이 한인신문사를 방문하여 시국에 대한 대담

일본군에게 살해 당한 러시아 혁명군

블라디보스토크의 혁명광장

을 하였는데 기사는 다음과 같다.

1. 우리 남도소는 입적이 900여 호에 투표권 있는 것이 남녀 2,995명인데 금번 투표한 수가 1,833명이며, 전쟁에 출정한 장정이 모두 600여 명이요, 군인가족으로 월급 받는 호수가 450호, 매호가 평균 53원. 금년에 농사가 잘되었으므로 민간생활은 풍족한 모양이다.
2. 기자 : 선거는 어느 당을 하였으며, 여자들 투표는 상당한 자격을 찾았습니까?

   답 : 투표는 여러 당으로 하였으며, 여자들은 뒷집 아버님이나 앞집 생원으로 한 모양이라고 하면서 절반 웃음
3. 고려족총회의 창립에 관한 효력과 장래에 힘쓸 일

   답 : 씨는 개탄한 모양으로 사람이 없다, 물론 공동일을 하려면 배고프고 등 시린줄 몰라야 할 터인데 돈 있는 자는 돈 더 벌려고 욕심내고, 없는 자는 먹을 것이 없어 일을 못한다. 우리 늙은 사람은 시대에 뒤진 사람이라 새 일은 새 인물을 요구한다고 말이다. 씨는 또 말을 이어 한인의 중심 될 만한 지방은 소왕령(우수리스크–필자주)이다. 지금 한인의 호수가 천여 호가 되니 한집에 두어 량씩 내어도 한인교육은 염려가 없다고 한다.
4. 기자는 아령의 한인 중심적 단체는 고려족총회로 잡을 터인즉 끝까지 힘쓰는 것을 말함에

   답 : 일볼 사람이 없는 것을 근심하면서 오는 연종 총회에 참석할 것을 기약한다.

전로한족회 대표자회의 개최 장소

씨는 금번 대이사 투표에 한인대표가 없는 것을 개탄한다. 금번 연해주 투표에 1만 5,000명에 한 사람씩 피선되니 우리 한인으로 투표권이 있는 자가 이 수가 될 수 없다. 그러므로 임의 연약한 연해주 농민대표회 대의사에 우리가 세 조건으로 일전에 부탁하였다.

1) 우리 한족은 시비리 정부의 독립을 찬성할 일

2) 시비리 독립되는 때에는 한족대표 두 사람을 선거 참여케 할 일

3) 아령에서 5개년 이상 거주한 한인에게는 입적 비입적을 물론하고 토지소유권을 가질 일

세 가지 조건으로 부탁하여 농민회 대표는 금번 국회에 가서 말하겠다고

시베리아에 출병한 외국군들

허락하였다고 하며, 씨는 본촌 교육 정도를 물음에 기자는 세 학교의 관계와 학생의 수를 말하였다. 씨는 학교에서 아무리 잘 가르쳐도 가명의 감독이 없으면 어린아이들에게 별 효력이 없다고 한다. 씨는 한인 가운데 법률 지식이 있는 자를 가려 변호사를 두고 모든 일을 처리 하는 것이 좋다고 한다. 첫째 노동자를 보호할 일이며, 법률상 횡침된 사정을 바로 처리하는 것이 한인의 급한 일이라고 연방 말한다. 씨는 지금은 우리 민족에게 자유가 있으니 힘만 쓰면 일하기 편리하다고 말한다.

1918년 1월 11일 개최된 고려족중앙총회에서는 고려족 대표로 얀치혜 남도소 사장이자 우수리스크 의원인 최재형 등 두 명을 시베리아 독립정부에 파견하기로 결의하였다.

한편 1918년 6월 13일부터 24일까지 우수리스크에서 제2회 전국한족대표자대회가 개최되었다. 러시아 각 지역의 대표 129명이 참석한 가운데 개최된 이 회의에서 최재형은 이동휘와 함께 명예회장으로 추대되었다. 그리고 6월 22~23일에 있었던 간부 선거에서 최재형은 이동휘와 함께 고문으로 선출되어 한인의 대표적인 지도자로서의 위상을 나타내었다.

한편 최재형은 1918년 8월, 한인장교 원 미하일이 체코 군사령관 가이다와 호르바트의 후원으로 하얼빈에 한인특별대대를 조직하자, 이 부대의 장정모집을 후원하기도 하였다. 최재형의 이러한 노력은 호르바트가 백위파가 소비에트 정부를 전복하게 되면, 한인청년들에게 무기를 공급하여 한인독립운동을 지원하겠다고 약속하였기 때문이었다.

05 3·1운동 이후 민족지도자로

파리강화회의 대표 선정과 러시아 지역 한인민족운동

1905년 을사조약 체결 이후 일제의 조선에 대한 침략이 노골화된 이후부터 1945년 해방에 이르기까지 국내외에서 민족운동이 활발하게 전개되었다. 그 가운데 러시아 지역에서의 민족운동은 1905년부터 1914년 제1차 세계대전이 발발하기 전까지는 국내외 민족운동을 주도했을 정도로 가장 활발히 전개되었으며, 3·1운동 전후 시기에도 다른 어느 지역에 못지않게 활발한 움직임을 보였다. 그 결과 국내외 독립운동 세력 가운데 가장 빠른 시기에 대한국민의회라는 정부 조직을 만들었으며, 이를 토대로 3·1운동을 전개하는 등 한인민족운동사에서 중요한 위치를 차지하고 있다.

1차 세계대전이 종전되면서 윌슨이 전후 처리의 기본 원칙으로 민족자결주의를 발표하자 약소국 지도자들은 이를 크게 환영하였다. 그리하여 파리강화회의에 크게 주목하는 한편 1918년 12월 초순부터 뉴욕에서 세계약소민족동맹회의 제2차 연례총회를 개최하여 약소민족자결주의 원칙에 따라 파리강화회의에서 약소민족을 독립시켜야 한다고 결의하려 하였다. 이 소식을 접한 미주지역의 동포사회는 파리강화회의와 세계약소민족동맹회의에 대표를 파견하여 조선의 자주독립을 주장하고자 하였다. 이에 1918년 11월 25일 대한인국민회 중앙총회장 안창호는 임원을 소집하여 이승만·민찬호·정한경 등을 세계약소민족동맹회의 참석자로 지명하고 정한경·이승만을 파리행 대표로 임명하였다. 또한 뉴욕에 근거지를 두고 있던 김헌식은 1918년 11월 30일 비밀리에 신한회 총회를 개최하고 미국 대통령과 국무부, 그리고 상하원에 제출할 결의 선언문을 작성하였다. 그러나 이승만·정한경 등 파리대표 파견은 여권이 발급되지 않아 실패로 돌아가고 말았으며, 다만 제2차 세계약소민족동맹회의에만 대표를 파견할 수 있었다. 즉 1918년 12월 4일 오후 뉴욕 맥알파인 호텔에서 열린 제2차 세계약소민족동맹회의에 신한회에서 김헌식이 그리고 대한인국민회에서 민찬호·정한경 두 명이 참석했던 것이다.

한편 미국에서 재미동포들의 활동이 활발해질 무렵인 1918년 11월경 러시아 지역에 있는 동포들의 상황은 그리 원만하지 못했다. 1918년 8월 이후 일본을 비롯한 연합국의 러시아 혁명에 대한 무력개입으로 백위파 정권이 득세하게 됨으로써 한인민족운동이 침체기에 빠져들었기 때문이었다. 이에 러시아에서의 한인대표기관인 전로한족회 중앙총회는 콜차크가 시베리아에 대한 통치권을 장악하게 되는 1918년 11월에 중앙체제를 변경하여 지방연합회 대표로 구성되는 한족상설의회를 설

신한촌에서 전개된 3·1 운동 1주년 행사(1920)

신한촌에 세워진 독립문

치하였다.

이러한 시기에 미국에서 활발한 활동을 전개하고 있던 미주 대한인국민회 중앙총회는 이승만·안창호 등 대한인국민회 대표를 파리로 파견한다는 내용을 한족상설의회에 전달하는 동시에 파리에도 러시아 지역 대표를 파견할 것을 요청하였다. 당시 1차 세계대전의 종결과 더불어 한족상설의회 또한 언론 보도를 통하여 파리 강화회의 소식을 접하고 있었을 것이다. 그리고 그들은 민족자결주의의 논리가 과연 우리 민족에게도 해당될 것인가 또는 우리 민족도 능히 이러한 민족자결주의를 의사로 발표할 수 있을 것인가 등에 관하여 논의하였을 것으로 추정된다.

이처럼 침체기 속에 있던 한족상설의회에 미국 대한인국민회로부터 날아온 윌슨의 민족자결주의에 대한 소식과 약소민족회의에 대한 소식은 어려운 가운데서도 한족상설의회가 독립운동을 새롭게 모색하는 계기를 제공해주었던 것이다. 특히 이 가운데서도 러시아 지역에서 활동하고 있던 대한인국민회 세력의 경우 미주 대한인국민회에서 연락을 받았을 것이고 아울러 노령 지역에서의 파리 대표파견 등에 대해 많은 기대를 갖고 있었을 것이다. 그러나 한족상설의회의 중심인물인 함경북도 출신 인사들은 파리 대표파견과 정부조직 등을 염두에 두고 이 기회를 통해 그들의 위상을 보다 확고히 다지기 위하여 비밀리에 그 이후의 대표파견과 정국구도를 구상하였던 것으로 생각된다.

한족상설의회에서는 파리강화회의에 한인대표를 파견하기로 하였다. 특히 주목되는 것은 한족상설의회에서 중국과 노령 지역을 연합하

파리강화회의 각국 대표

여 대표를 파견하고자 하였던 점이다. 즉 미국에서 이 소식을 접한 한족상설의회는 12월 상순 중국과 노령이 연합하여 선출한 대표를 파리강화회의에 보내 독립을 요구하자는 통첩을 북간도에 보냈던 것이다. 이에 북간도에서는 장동에서 비밀회의를 개최하였다. 그들은 한족상설의회의 통첩에 동정을 표하고, 대표의 여비를 비밀리에 모집하였다.

미주에서의 한인들의 활동과 당시 국제정세에 고무된 한인들은 니코리스크 한족회 주관으로 1919년 1월 초순 노령과 동청철도 연선지방에 거주하는 동포 200여 명이 참석한 가운데 대규모 한인대회를 개최하였다. 이 모임에 참여한 중심인물로는 문창범(니코리스크 한족회 회장), 한영준(러시아 육군 장교 출신, 니코리스크), 안정근(니코리스크), 원미항(러시아 육군 장교 출신, 얀치혜), 안장근(목릉현), 박산우(스파스크) 등을 들 수 있다.

문창범은 한족상설의회와 니코리스크 한족회의 중심인물이고, 안정근은 안중근의 동생이며, 안장근은 안중근의 아버지 안태훈의 형인 안태진의 둘째아들이다. 즉 니코리스크, 스파스크, 얀치혜 등 러시아 지역 대표와 만주의 목릉현 대표들이 그 중심을 이루고 있으며, 그중에서도 니코리스크 세력이 중심을 이루었다고 할 수 있다. 다만 여기에 지역적으로 가까운 블라디보스토크 신한촌민회 세력이 참여하지 않은 것이 주목된다.

문창범

이용(이준열사의 아들)

니코리스크 모임에 참석한 대표들은 미국에서의 재미교포들의 활동에 대한 보고를 들은 후 니코리스크에서 비밀회의를 갖고 노령재류선인의 대표자를 프랑스에 파견하기로 결정하였다. 즉 전노령 조선인 대표자로 이동휘를, 재동청철도 연선지방 대표로 백순을, 시베리아 귀화인 대표로 얀치혜 한족회 회장 최재형을 그리고 조선 국내 대표로 상해에 있는 이용을 각각 선정하였던 것이다. 아울러 박상환을 수행원으로 결정하였다. 박상환은 간도 명동소학교 교사 출신으로 불어에 능통한 인물이었다.

니코리스크에서 개최되었던 비밀회합에서는 미주 지역 대표가 안창

니코리스크역 정차장

호·이승만 등 그 지역의 대표적인 인물인 점을 고려하여 노령지역의 대표로도 전로한족회 중앙총회 고문인 이동휘와 최재형을 대표로 선임하였다.

앞에서 보는 바와 같이, 최재형은 전 시베리아에 거주하는 귀화인들에 의하여 추대되었다. 그는 일찍이 러시아에 귀화한 한인으로서 그 대표성을 지니고 있었던 것이다. 최재형을 추대한 것은 이 모임의 중심인물인 러시아 육군 장교 출신 귀화한인 한영준·원 미하일 등이었다.

한편 니코리스크에 모인 사람들은 시국에 대한 협의를 마친 후 한족대운동회라는 명의하에 태극기를 앞세우고 니코리스크 전역을 돌아다니며, 조선의 독립을 추구하였다. 이에 놀란 일본 군대는 이를 전원 해산시키는 한편 태극기를 몰수하였다. 그러자 한인들은 미군과 교섭하여 태극기를 반환받았다. 이러한 일이 있자 미국에 대한 기대감은 더욱 고조되었으며, 파리강회회의에서 민족자결주의에 의해 독립될 수 있다는 확신을 갖게 되었다. 또 이러한 말들을 동포들에게 선전하는 데 열중하게 되었다.

사태가 여기에 이르자 1918년 8월 이후 한때 침체기에 들어갔던 러시아 지역의 한인독립운동 세력은 다시 적극적으로 독립운동을 전개하고자 하였다. 특히 재러동포들은 미국동포들과 빈번한 연락관계를 맺고 활동하고 있었다. 즉 재러동포들은 재미동포들의 요청 및 투쟁방략에 따라 일본에 대한 투쟁을 전개하고자 하였다. 미주동포들은 "재러동포들이 시베리아에서 일본군과 충돌해야 하며, 이때 동포 중의 일부는 비참한 최후를 맞이해야 한다. 그리고 이것으로써 미국 군대 내에 동정을 일으켜 파리강화회의에서 이 문제를 제기해야 한다. 이를 위하여 재러동포들은 분발해야 한다"고 하였던 것이다. 아울러 재러동포들은 시베리아에 주둔하고 있는 미군들에게 종종 한인들의 절박하고 애처로운 사연을 말하여 미군들의 동정을 얻고자 하였다. 또한 니코리스크 한족회는 미군 육군 장교를 비밀고문으로 하여 각 지방회와 연락하여 세력을 증대시키고자 하였다. 또한 일본과 미국과의 개전설을 퍼뜨려 미국에 대한 강한 기대감을 보였다.

니코리스크 회의에서의 대체적인 결정 내용과 그 구상은 차후에 이루어지는 2월 7일 니코리스크 회의와 2월 25일 회의를 통하여 보다 구체화된다. 그런 의미에서 1919년 1월 초순에 니코리스크에서 개최된 회의는 러시아 지역에서 전개된 3·1운동과 관련해 중요한 의미를 갖는다고 할 수 있다.

니코리스크 한족상설의회의 중심인물인 문창범 등은 그 후 파리 강화회의에서 러시아 한인대표의 위상에 대하여 재검토하게 되었다. 그들은 곧 파리 파견대표를 윤해와 고창일로 변경하였다. 그것은 파리에 도착할 경우 윤해 등에게 평화회의, 국제연맹, 약소민족회의에 참여하되, 각처에서 온 국민대표와 합동동작하란 출발 당시의 명령을 통해서도 알 수 있다. 즉 문창범 등은 파리강화회의에 각 지역에서 파견된 많은 조선인 대표들이 참석할 것이며, 그 일원으로 러시아 지역의 대표가 활동하는 것으로 인식했던 것이다. 그리하여 문창범 등은 1919년 1월 15일 윤해와 고창일에게 규정된 서류와 여비를 주고 아울러 파리강화회의에 참석할 방도는 대표단이 상황에 따라 처신하라고 통고하였다.

한족중앙회 상설위원회 개최

니코리스크 한족상설위원회에서는 1월 29일 상설위원회를 개최하고 파리강화회의 대표를 최종적으로 확정하고자 하였다. 1월 초순 비밀리에 최재형·이동휘 등을 선출한 후에 신한촌민회로부터 김보·최재형·한용헌·최만학·이동휘·서오성 중에서 대표를 선정하자는 의뢰도 있었다. 이러한 가운데 상설위원회에서는 표면적으로 최재형·이동휘·유동열 등을 파견대표로 고려하였다. 유동열은 평북 박천 출신으로 대한제국 육군참령을 거쳐 신민회 등에서 활동하였다.

1911년 105인 사건에 연루되어 옥고를 치루고 1913년 출옥 후 만주로 망명하여 1918년 말에는 하바롭스크에서 활동하고 있었다. 그러나 위원들 가운데서는 귀화인 중 젊고 능력 있는 인물인 김보와 김 알렉세이를 파견하자고 제의하는 이도 있었다. 김보는 앞서 언급한 바와 같은 인물이며, 김 알렉세이는 아지미 출신으로 1899년 카잔 대학에 입학하였고, 졸업한 후 연해주에서 구區 재판소 판사로 있다가 현재 옴스크 재판소에서 일하고 있던 인물이었다.

그러나 회의에서는 젊은 사람은 일본이 거금을 제시할 경우 매수당할 가능성이 크므로 항일경력도 있고 연배도 있는 사람이 바람직하다는 견해가 우세하여 최재형·이동휘·유동열 등이 예비 선출되었다. 그러나 평안도파인 안정근은 선출된 이들이 대체로 함경도 출신이므로 평안도파 1인을 더 선정하자고 주장하였다. 이에 대해 문창범과 안정근 사이에 논전이 벌어졌으며, 최재형의 중재로 원만히 해결되는 듯하였다.

그러나 1919년 1월 15일경 파리강화회의 대표로 윤해와 고창일 등 함경도파가 선출되었으며, 그들은 2월 5일 이전에 파견되었다. 한족중앙회 상설위원회의 중심인물인 최재형·문창범 등 함경도파들은 평안도파에게 이 같은 사실을 알리지 않고 비밀리에 일을 추진하였다. 이 결정에 참여한 중심인물은 최재형·문창범·엄주필·김 야코프·한 아나토리·김 알렉산드라 등 함경도 출신 귀화인들로서 그들은 평안도파를 배제하고 결정하였던 것이다. 평안도파인 안정근은 윤해와 고창일이 파견자로 결정되었다는 사실을 뒤늦게 우연한 계기로 알게 되었는데, 그 사연인즉 안정근의 어머니가 고상준의 처로부터 고창일이 6개월간 원방遠方에 다녀온다는 사실을 듣고 이를 아들인 안정근에게 말하여 알게 되었

여운형

김규식

던 것이다. 그리하여 2월 5일 안정근은 최재형을 만나 이에 대해 항의하였다. 이 사건으로 인하여 함북파와 평안도파 사이에 갈등의 골은 더욱 깊어졌다.

파리강화회의 대표를 선출할 때 니코리스크 한족상설위원회는 신중을 기했다. 그리하여 같은 한국인끼리도 믿지 못하고 비밀리에 대표를 선정하여 파견했다. 이처럼 니코리스크 한족상설위원회가 최재형·이동휘 대신 윤해·고창일 등을 파견한 이유는 무엇일까. 물론 그것은 파리강화회의에 대한 전망과 관련이 있다. 전로한족회 중앙총회회장이었던 문창범의 언급에서 알 수 있는 바와 같이 당시 파리에는 세계 각 지역에서 조선인 대표를 파견하고 있는 상황이었기 때문에 노령에서의 파견자도 다만 그들 사이에 끼어 함께 일할 수 있으면 족하다고 인식했던 것이다. 따라서 영어와 불어 등 외국어를 해득하고 다소 교육이 있어 세계정세에 통하면 된다는 입장이었다. 문창범이나 니코리스크 한족회의 중심인물인 함북파의 이러한 인식은 당시 러시아에서 간행되는 각종 신문들과 미주동포들과의 교신 등에서 얻은 정보에 바탕을 둔 것이다. 또한 1월 20일 상해를 출발하여 연해주에 온 신한청년당의 여운형을 통해 이러한 생각은 더욱 굳어졌다. 여운형은 김규식을 파리강화회의에 파견한 사실을 문창범에게 전하고, 파견비용과 상해에서 독립운동 전개를 위한 자금의 제공을 요청하였다.

또 다른 이유는 최재형·이동휘 등 거물급 인사는 얼굴이 너무 알려져 체포의 위험이 있기 때문이었다. 이에 한족상설위원회는 일을 비밀리에 성공적으로 추진하기 위해 윤해·고창일 등을 대표로 파견했다. 아울러 이들의 파견을 통해 강화회의에서 미국의 후원으로 독립할 목적을 달성할 것으로 기대했다.

전러한족회 지방대표회의

니코리스크 한족상설위원회에서는 2월 7일부터 11일까지 5일간 회의를 개최하여 회의에서 파리 대표파견을 공식화하고 이들의 여비 마련을 위해 노력하였다. 이에 2월 7일 오전 10시를 기하여 니코리스크에서 각 지방 한족회 대표회의를 개최하고자 하였다. 그리하여 1919년 1월 30일자 한족상설위원회 회장 문창범과 서기 이춘평의 명의로 각 지방회에 대표파견을 요청하였다.

니코리스크 한족상설위원회는 1월 29일 파리 대표파견 문제와 관련된 쟁점들을 최종 마감하고 대표를 파견하는 한편 2월 7일 각 지방 대표자회의를 개최하여 최후 통고 승인을 받을 예정이었다. 아울러 본회에서는 파리 파견자의 여비 모금에 큰 뜻을 두었다. 이 회의에 참석을 요구한 지역은 모두 107지역이었다. 그러나 처음에는 많은 지역에서 참석하지 못하였다. 즉 2월 7일까지 24명이 참석하였으며, 2월 8일까지는 44명이 참석하는데 그쳐 회의가 활성화되지 못하였다. 그러나 다행스럽게도 마감일까지는 회원 130여 명이 참가하였다.

니코리스크 회에 참가한 중심지역과 그 대표를 보면, 노보키예프스크 대표 최재형을 비롯하여 지진해 대표 한 안드레이·김 알렉산드르, 슬라비얀카 대표 박 알렉산드르, 바라바시 대표 강 야코프, 블라디보스토크 대표 한용헌·윤 니콜라이 등이었다. 그 밖에 치타, 일크츠크, 니콜라예프스크 등에서는 전보를 보내왔다. 이들 참석자 가운데 최재형은 노보키예프스크의 대표적 인물이었으며, 박 알렉산드르는 슬라비얀카의 대표적 인물이었다. 그는 15세 때 아버지와 함께 러시아로 망명한 후 노보키예프스크에서 의병대장 이범윤과 함께 항일단체를 조직하여 활동하였으며, 1918년 9월 슬라비얀카에 이주하여 42세 때 이 지방 한족회 지회장으로 활동하였다. 바라바시 대표 강 야코프는 함북 경성 출신으로 귀화인이었다. 1919년 당시 39세인 그는 노보키예프스크에서 출생하여 10여 년 전에 바라바시로 이주하여 그 지역 한족회 부회장으로 활동하였으며, 항일의식이 투철한 인물이었다.

결국 2월 7일 회의를 통하여 윤해와 고창일이 노령대표로 파리에 파견되었음이 밝혀졌다. 이들은 러시아어와 불어로 조선인총대표라고 쓴 문서를 가지고 2월 5일 경에 니코리스크를 떠나 2월 10일 고베에 기항하는 오뎃사호의 의용함대 톰스크호를 타고 출발했다고 발표되었다. 그리고 이 사실에 대하여 각 지역 대표들에게 승낙을 구하고 각 지방회에서 비용을 부담해줄 것을 요청했다. 그러나 이러한 한족중앙위원회의 발표는 사실이 아닌 연막전술이었다. 고베에 기항할 경우 대표가 체포

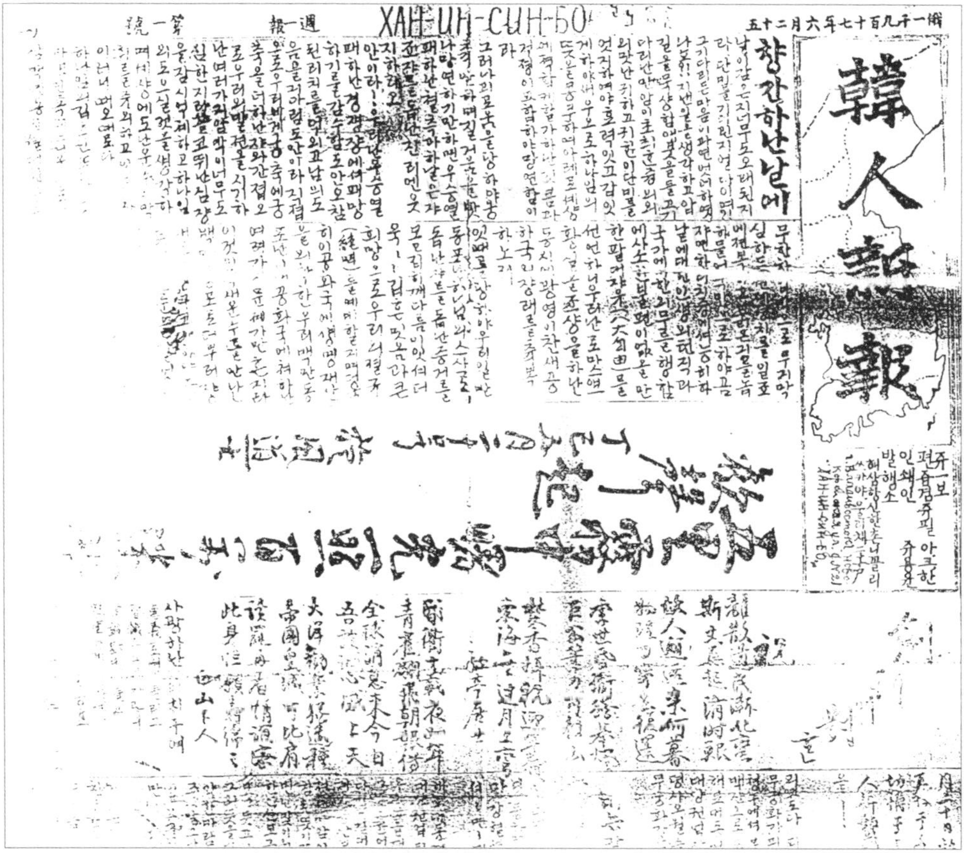

『한인신보』 창간호

선언서

대한국민의회는 우리 二천만 동포를 대표하야 천하만국에 독립을 선언하노라

이때 세계가 정의인도를 표준하며 세계평화를 주장함에 소위군국주의와 침략정책은 세계대전의 결국을 맞아 소멸되고 인도정의 주의와 민족자결주의는 강화회의를 열믈 인하야 실행될지로다 그러면 양의동서와 족의 차별을 물론하고 진실노 자유독립의 능력이 잇는종족을로 남의게 강제로 병탐된쟈는 자유와 독립의 행복을 누렷것은 세계의 공의와 평화를 위하야 더말치안어도 가히 알바이라 그럼으로 파란, 체코, 의독립과 법국의 알사스, 로렌 량쥬의 회복은 그침략됨이 이미 몃십년 몃백년이되엿으나 그병탐됨과 분양됨이 당시인민의 의사로 나온것이 안이라는 리유에 신함이니 이로써 보건대 이미 강제로 위력으로 남의 나라를 병탐한 소위 강국은 병탐된 나라에 대하야 독립을 도로내여 놓을 의무가 잇고 병탐된 국민은 병탐한나라에 대하야 독립을 요구할 권리가 잇도다

우리한국은 일본에 정복된바도 안이오 한양한것도 안이라 저의는 사기적 수단과 강포한 병력으로써 강탈한바이라 한국의 독립은 저일본이 먼저 주장하여 승인하엿을뿐안이라 세계가 공인한바이며 청일전쟁로일전쟁의 그선언서와 마관, 포쓰마우쓰, 두조약에 붉시하모 조선의 독립과 보전이라는 조문이 명백하거날 지모악한 일본은 승전의 남어지 위엄을 빙자하고 각종 조건으로써 한국의 외교, 사법, 경찰 등권을 박탈하고 인하야 한국군대를 해산하야 다시 대항할 힘이 업게한후 저의 병력으로써 군주를 위협하며 정신을 농락하야 소위 합병조약을 체결한것뿐이로다

합병이래로 일본의 우리민족에게 대한 통치정책은 궁흉극악 하야 거족을로는 경제로써 우리의 리익을 도모한다 자랑하야 세계의 이목을 속이고 속살로는 기핍을 협박수단으로써 우리의 민족을 진멸코져 할뿐이로다 우리는 이미 참정권이 업슴으로 신권의 큰부분된는 집회, 결사, 언론, 출판의 자유가 업슴은 고사물론하고 소위 교육제도는 극히 신한 정도가 노예적 표준에 지나지 못하야 우리의 신령한 자뎨로 하여금 저의 개나 말의 역사에 모과 부시와 함에 지내지 안이하고 소위법전는 우리민족에게 쑨는 특별한 법령 파혀널이 잇어 우리의 대적권리를 미슈며 세계에 업는악형을 써시 다만 우리는 전도 시진하게 할뿐이로다 더욱 산업에 대하야는 성공의 큰 소모로 영업을 허락지 안이하며 심지어 농작물 마안어로 하지못하야 우리의 산업은 날로 령성케하고 생활은 궁절박 하도다 또에 수교는 우리민족에 문화상 찬생맥이거날 저일본은 꺼리고 미워하야 박멸할 음협수단으로써 소위종족사내를 암살한다 하고 전국에 유력한 교회와 학생 슈백인을 포박하야 감옥에 가두고 말못할 악형을 써서 당장에 죽기도 하며 병신이 된그때의 참상은 세계이목을 놀냇엇고 이로써 교회는 공포시대를 만낫으니 우리는 신교의 자유도 업도다 행정과 경찰제도는 전혀 헌병순샤로 인민을 학대하며 관리는 상하계급을 물론하고 전국행정 기관에 모다 일인을만 임용하야 우리민족은 상당한 권능이 잇어도 국가경영에 참여를 선분하회가 영구히 끈어졋도다 이와같이 참혹한 형상은 더말할것업시 저일본은 우리二천만 민족으로 하여곰 저의를 희생에 쓰고저 할뿐이로다 슯흐다 이때 인도주의를 주창하며 세계평화를 실행하는가 저들의 강하고 악한 악생은 행함은 우리민족이 과연 목도히 보고 참음이 옳을가 안이라 우리민족은 수화중에서 구제하며 일본의 독한손에서 벗어나게 함이 곳 세계열국의 공동으로 협조할것이며 우리한족의 가장 긴급한 의무로다

우리한족은 四천여년의 력사와 오렴이 잇으며 二천만 인민의 무리가 잇으며 八만二천방 령리의 넓음이 잇으며 자급자족할 천연의 산물이 잇으니 이로든것이 이미 독립한 자격이 넉넉하고 또는 동아실국에 웅거하야 대륙에서 패권을 잡든 가장 오래 민족으로서 그문학, 례술, 상공, 각방면에 혹일본을 사랏지며 혹은 지나보다 넘부러 동양문화에 공효가 만하엿으나 인는 우리민족의 독립할 능력이 넉넉한것이라 오날날 민족자결 주의는 결코 구속한 곳에만 편벽되히 행할것이 안이오 세계에 다 보편될것이니 그러면 독립의 자격과 능력이 갖초잇고도 심히 비참한 처디에 잇는 우리민족의 독립을 주창함이 당연하도다

한국은 극동의 문제이오 요쇄이니 우리한국을 제하고는 극동문제가 가치업음은 이미 다리상 긴요한 위치를 차지한 까닭이라 그러함으로 동양평화는 먼저 한국평화가 된연후의 일이니 저일본이 한국을 병탐한광계도 이에 잇는듯 하도다 이제만일 우리민족으로 하여곰 독립자유를 엇지못하면 우리민족은 그생존상 자위를 위하기때문에 일본을 향하여 영구한 혈전을 행할지라 우리민족은 비록 한사의 병장기가 업스나 합병된뒤에 범연주먹으로서도 일본을대항하다가 일인에게 학살을 당한자가 十여만에 되얏은즉 일후즉 할지라도 우리민족은 그자유와 독립을 위하야 뜨거운피를 흘닐는 날에는 극동한 모동이가 곳수라장을 일울러인즉 동양평화는 영구히 유지할수 업을지로다 그백산이라 일본이 한국을 합병한후에 광국은 위협하야 [illegible]써 력을 만봉케 부식하며 또는 시비러에 야심을펴서 지금 실행하는중인즉 세계평하는어대서 유지되리오 고로 동양평화의 별쇠는 곳우리한국에 잇은즉 우리민족의 자유독립이 곳세계평화에 긔초라 하노라

그럼으로 우리국민의회는 국세소리쳐 생존의자위발날과 인도정의와 세계평화를 위하야 이에 독립을 선언하노라

결의안

一, 본의회는 조국광복의 목뎍을 [illegible]하며 민족자결주의를 의지하야 한국의 정당한 자유독립을 주장할일

二, 본의회는 일본이 강박수단으로써 한국을 합병함은 그때황제의 비준이 업슬뿐더러 한족전체의 의사가 안인즉 합병의 조약은 무효한일

三, 본의회는 위원을 만국평화회의에 특파하여 일본이 사기와 강박으로써 우리국가와 민족을 멸망식힌 원정을 공소하며 국제연맹에 참여하야 우리의 독립을 [illegible]할일

四, 본의회는 독립하는 리유를 세계각국에 명백히 공포하기 위하야 각국재한 공령사에게 이뜻을 그정부에 전달하기를 위촉할일

五, 본의회는 만일 이상목뎍을 달치못하면 한족은 인도의 평화를 엇지못하야 일본에 대한 영구의 혈전을 선포할터인즉 이로 인하야 동양평화의 각만 파괴생기는 화단은 우리가 그책임을 담부치 안이할일

[illegible] 二년 三월 [illegible]일

대한국민의회

文昌範

대한국민의회 독립선언서

될 것은 명약관화했기 때문이다. 그들은 3월 2일 『한인신보』가 발표한 것처럼 철로를 통하여 파리로 향하였다. 그리고 3월 2일 옴스크를 무사히 통과했다는 전보가 있었다고 한다. 이처럼 러시아 지역 한인은 대표 파견 문제와 그들의 안위에서 주도면밀함을 보여주고 있다. 결국 이러한 면모는 평안도파가 러시아 지역 독립운동계를 떠나 상해로 가게 되는 배경이 되었다고 할 수 있다.

3·1 운동의 준비와 대한국민의회

3·1운동이 발발하기 전 재러한인들의 민족의식은 국치일 집회, 종교집회, 고종의 추도식, 연극공연 등을 통해 크게 고양된 상태였다.

신한촌에서는 1918년 8월 29일 아침 일찍 민회의 명의로 인쇄문을 배포하였다. 그리고 동포들에게 밥 짓는 것을 금지하고 각 구장에게 엄중히 감시하도록 하였다. 만약 밥을 지을 경우 그 집에 가서 조서調書를 작성하고, 25루블의 벌금을 부과하기로 하였다. 오전 9시 한민학교 학생 수십 명은 학교기를 선두에 세우고, 애국가를 부르며 신한촌을 행진하였다. 10시에는 민회와 한민학교 문 앞에서 태극기를 게양하였다. 오전 11시에 한민학교 학생 수십 명은 태극기를 들고 신한촌을 순회했으며, 인솔자 이봉극은 수시로 길가에서 연설을 시도하였다. 오후 7시부터는 한민학교 운동장에서 신한촌 민회 주최로 천여 명이 참석한 가운데 국치일 기념행사를 거행하였다.

행사는 임시회장인 민회 서기 조장원의 개회사에 이어 한민학교 여

학생들의 창가, 이의순(이동휘의 차녀, 오영선의 처)의 역사에 관한 이야기, 정창빈(이동휘의 큰 사위)의 지리에 관한 이야기, 윤능효·이봉극·이인찬 외 3인의 기념사, 남녀학생일동의 애국가, 조장원의 폐회사 등의 순서로 이어졌다. 그리고 오후 10시 30분에 해산하였다.

특히 얀치헤 지역은 항일운동의 중심지로 1918년 8월 29일 국치일에는 이 지역의 민회회장인 최재형과 교사인 정남수, 니코리스크 『청구신보』 기자인 정안선 등이 중심이 되어 학교에서 연극회를 개최하였다. 교민들의 민족의식 고취에 크게 기여한 이 연극회는 8월 28일 밤에 시작하여 4일 동안, 오후 5시부터 밤 11시까지 개최되었다. 연극의 주된 내용은 안중근의 이토 히로부미 저격이었으며, 소위 을사 5적·7적이라 불리는 친일파들의 행동과 당시 일본 고관의 언동 등을 풍자하였다. 29일 밤에는 부근에 살고 있는 동포는 물론 수청 지방에서 온 사람도 적지 않았다. 총 관객수는 약 1,200명 이상 되었다. 이처럼 3·1운동 이전에 활발히 전개된 민족의식 고취는 이 지역에서의 3·1운동 전개에 기여한 바 크다.

1919년 2월 25일 개최된 창립대회에서 상설위원장 원세훈은 대한국민의회의 취지서를 발표하였다. 중앙총회 상설위원 15명은 장래 조선이 독립할 것에 대비하여 임시대통령의 선거, 대외문제 등 일반의 정무를 장악할 기관으로서 대한국민의회를 설립하고자 했던 것이다. 즉 본회의에서는 현재 여러 사정에 따라 전국민을 대표하는 국민의회를 조직할 수 없으므로 상설위원회를 임시국민의회라 명하였다. 임시국민의회의 역할은 장래 한국이 독립하는 날, 임시 대통령을 선거하여 대외 문

ГОЛОСУЙТЕ ЗА СПИСОКЪ №. 2.

靑邱新報

„ЧЕН-ГУ-СИН-БО"

изд.

Центральнаго Комитета Всероссійскаго Корейскаго Національнаго Союза.

『청구신보』

김 아파나시

제, 기타 내정, 외교 일반을 장리掌理할 임시정부로 하는 데 있다고 하였다. 이러한 국민의회의 설립 계획은 앞서 언급한 바와 같이 파리강화회의 대표로 파견되는 윤해와 미리 상의되었던 부분이었다. 그리고 그 중심적인 계획은 윤해가 작성했으며, 윤해는 이를 상설위원장 원세훈에게 의탁하였다.

전로국내조선인회의는 블라디보스토크에 모여 국내외 국민들로부터 지지를 받는 임시정부적인 중앙기관을 니코리스크에 창설하는 한편 정부당국자를 인선하고자 하였다. 아울러 그들의 이름으로 한국독립승인의 최후 통첩을 일본 정부에 발송하고자 하였다. 그리고 만약 하등의 회답을 얻지 못할 경우 중국령 및 노령에 재주하는 조선인 그리고 조선 내지에 있는 조선인 일반의 명의로 영구적인 혈전을 선언할 것을 결정하였다.

또한 전로국내조선인회의에서는 중앙기관을 설치하는 전후에 독립운동가들의 발기에 따라 블라디보스토크에서 일대 시위운동을 전개하고자 계획하였다. 즉 니코리스크 및 블라디보스토크의 보이스카우트들이 독립기를 앞세우고 도시의 중요한 지점을 돌아다니며, 연합국 인사의 면전에서 한국인의 의기를 보임으로써 연합국의 공감을 구하고자 하였다. 시위운동 당일에는 조선인 상점 및 학교가 모두 휴업할 예정이었으며, 니코리스크에서 300명, 블라디보스토크에서 약 200명의 보이스카우트가 참여할 예정이었다. 2월 24일, 니코리스크의 보이스카우트를 대표하는 김 아파나시는 이 일을 추진하기 위해 블라디보스토크의 청년대표자와 협의하였다. 그리고 시위운동에 참가하는 청년은 이날 몸을 희생하여 조선독립을 위해 진력할 것을 맹세하였다.

니코리스크에서는 중앙위원회 내에 군부를 조직하고, 집행위원을 선정하여 독립군을 편성하려고 했으나 독립군 조직에 관해 중앙위원회 간부들 사이에 의견이 둘로 나뉘었다. 하나는 미하일 원의 조선인 특별대대에 병합시켜야 한다는 것이고, 하나는 미하일 원의 부대와는 전혀 별개로 편성해야 한다는 주장이었다. 이 두 가지 주장 외에도 일부 독립운동가들은 군대조직은 불가능한 일이니 다수의 선발대를 조선 국내에 파견하여 분쟁을 야기시키고, 이로써 평화회의의 관심을 끄는 것이 낫다는 주장을 펼쳤다.

한편 3월 초순 서울에서 노령으로 온 김하석은 블라디보스토크 및 니코리스크 한족회와 상호 연결하여 한족독립기성회를 조직하고, 한족독립운동 계획을 수립하였다. 그 계획안은 노령 동청철도 연선지방, 간도 훈춘 및 서간도 지방에 산재한 동지 중에서 1만 명을 모집하여 조선 국내로 진공시킨 후 무력시위운동을 개시한다는 것이었다. 그리고 조선인의 자결운동을 프랑스에서 개최되는 만국강화회의의 의제로 삼고자 하였다. 아울러 김하석은 무력시위운동을 전개할 두 가지 방안을 제시하였다.

첫째, 모집한 1만 명의 동지를 두 부대로 나누어 제1대 5,000명을 선발대로 하되 무기는 휴대하지 말고, 두만강 국경에서 함경북도로 침입하게 한다. 그들은 각자 태극기를 흔들고 만세를 고창하며 서울로 진출하는데 도중에 일본 관헌에게 체포 혹은 구속당하는 자는 그대로 두고,

러시아 지역 한인들의 대표적 전투인 이만전투 참여자 장례식

이만전투 기념비

러시아 한인 독립군 깃발

나머지는 경성을 향해 매진한다. 일면 후방 제2대 5,000명은 무기를 휴대하고 간도 및 훈춘 각 지방에서 함경북도 국경지내를 습격하여 한 지점을 점령한다. 그리고 그곳을 한족공화 임시정부의 소재지로 하거나 혹은 간도에 임시정부를 조직한다.

둘째, 동지 1만 명이 일단이 되어 무기를 휴대하고 함경북도를 습격하여 한 지점을 점령하고 한족공화정부를 설치하는 동시에 조선 각지에서 의병을 봉기시켜 일본 군경과 대항하는 것이다. 1안과 2안의 목적은 기본적으로 승패에 구애됨 없이 조선 각지를 병란지로 만들어 미국, 기타 열강의 간섭을 유치함으로써 한족자결문제를 강화회의 의제로 상정하는 데 있었다.

김하석은 서울에서부터 동행한 수명의 동지와 함께 노령한족회와 협력하여 이 계획을 수행하기 위해 의병규합, 의연금 모집 및 무기류 모집에 진력하였다. 그중 노령귀화선인 군인파 규합은 얀치헤 거주 최재형 및 하바롭스크 거주 김인수 등이 담당하였으며, 노령거주 한인들은 대대적으로 군자금 모집 및 총기모집을 위해 노력하였다. 그리고 총기는 1호에 1자루씩 제공하고자 하였다. 의병들의 규합은 이범윤이 담당하였다. 그는 훈춘 및 안도현, 무송현 방면으로 밀사를 파견하여 옛 부하를 규합하려 하였다. 김약연은 한 알렉산드르, 최 니콜라이 두 사람을 대동하고 간도로 돌아와 간도 동지와의 연락, 독립군 규합 등의 임무를 수행했다. 그리고 국자가 이홍준은 나자구 및 무산, 간도 방면으로 가서 독립군 모집에 노력하였다.

한편 대한국민의회는 대한국민의회라는 정식 명칭으로 회장에 문창범, 부회장에 김철훈, 서기에 오창환 등의 명의로 3월 17일 독립선언서를 배포하였다. 또한 3월 중순, 국민의회는 최재형을 외교부장에, 이동휘를 선전부장에, 김립을 이동휘의 부관에 선임하고, 이동휘를 간도에 파견하여 독립운동의 선전 선동에 종사하게 하였다. 처음에 국민의회는 이범윤을 선전부장에 임명하여 옛 부하들을 모으려 했으나 이미 노인이 된 그가 감당하기에 어려울 것 같아 이범윤, 홍범도의 옛 부하를 소집해서 이동휘가 지도하게 하였다. 또한 대한국민의회는 이 두 부장관 외에 한 아나토리 아프라모우와치를 재무부장에 임명했다. 한 아나토리는 3월 말 니코리스크에서 블라디보스토크로 와서 최재형의 처형 김 콘스탄친의 집에 있다가 4월 2일 기선을 타고 얀치헤로 돌아갔다고 한다.

일본군의 학살과 최재형의 순국

1919년 4월 중국 상해에서 신규식·이동녕·이시영 등을 비롯한 많은 애국지사들이 대한민국임시정부의 조직에 대해 논의하게 되었다. 4월 10일 상해 프랑스조계의 김신부로에서 이동녕이 의장이 되어 제1회 의정원회의가 개회되었는데, 이 회의에서 국호를 대한민국으로 정하고 국무위원을 선출하였다. 이때 최재형은 초대 재무총장으로 선출되었으나 취임하지 않았다.

최재형은 일본 침략군이 진주해오자 1918년 행방을 알리지 않고 슬라비얀카촌의 가족을 떠나 니콜스크-우수리스크로 갔다. 거기서 군 자치기관의 의원, 자치기관 감사위원회 의장으로 선출되었다. 이전에도 빨치산(의병) 부대와 함께 작전을 떠나면서 오랫동안 집을 비우는 일이 잦았다. 그의 아내 최 엘레나 페트로브나는 참을성 있게 그의 소식을 기다렸다. 늦가을이 되어 마을에서 일본인 점령군을 보게 되자 불안감을 느낀 나머지 내의 몇 벌과 침구, 고가의 귀중품함을 챙겨들고 아이들과 블라디보스토크로 떠났다. 슬라비얀카에 있던 모든 재산과 큰 서재는 그대로 방치되었다. 최 엘레나 페트로브나는 그녀의 동생이자 블라디보스토크시 최초의 남자 중학교 한인 교사 중 한 사람인 김 콘스탄친 페트로비치가 살고 있는 블라디보스토크로 떠나 겨울 내내 그의 집에 머물렀다. 그 후 최재형의 가족은 니콜스크-우수리스크로 이사하여 옛 친구들이 큰 도회지로 떠나면서 남긴 집에서 살았다. 이들 친구들은 중국이나 하얼빈, 기다 지역으로 떠났다.

연해주 빨치산 부대

최재형은 과거 의병운동을 통해 일본군에 대항했던 것과 같은 활동을 재개했다. 그는 한인 빨치산 부대의 특별임무를 띠고 비밀리에 무기를 공급하는 역할을 했다. 잠깐 동안 그의 가족은 평화롭게 살았다. 5명의 자녀들이 학교에 다녔고, 막내 아이는 여섯 살이 되었다. 그러나 곧 잠시 찾아온 평화가 끝나는 날이 왔다.

1920년 3월 아무르 강 하구 니콜라예프스크에서 한러 연합부대가 일본군을 섬멸하는 니항사건이 있었다. 이 사건은 시베리아를 장악하려는 강경파에게 좋은 구실을 주었으며, 일본은 이를 계기로 연해주에 군대를 증파하였다. 아울러 일본 정부는 1920년 3월 31일 "일본 신민의 생명 재산에 대한 위협"과 "만주 및 조선에 대한 위협"이 엄존한다는 성명서를 발표하였다. 아울러 일본군 사령부는 1920년 3월 중에 블라디보스토크,

하바롭스크, 기타 연해주 도시에 있는 적위군 빨치산 부대에 대한 전면 공세를 준비하도록 비밀리에 명령했다. 물론 한인부대와 한인사회도 주요 공격대상이 되었다. 4월 4일 밤 일본군 블라디보스토크 주재사령관 무라다村田信乃 소장은 다이쇼大井 군사령관의 지시를 받아 블라디보스토크의 혁명군(연해주 정부군이라고 칭한다)에 대해 무장해제를 단행한다.

또한 5일 새벽에 군사령관은 제 13, 14사단장, 남부 우수리스크 파견대장에게 각지의 혁명군 무장해제를 명령했다. 그리고 우수리스크 철도 연선沿線을 중심으로 총공격을 가했다. 일본군의 전투행동은 4일 밤에 시작해서 5~6일, 스파스크의 경우는 8일까지 계속되었다.

니코리스크 헌병대는 보병 1개 소대의 후원을 받아 4월 5일과 6일에 걸쳐 독립운동가의 가택을 수색하고, 76명을 체포했다. 그중 72명은 방면되었으나 최재형·김이직·엄주필·황 카피톤·이경수 등은 계속 구금되었다. 최재형은 러시아 지역의 대표적인 의병조직인 동의회 총재, 『대동공보』 사장, 권업회 총재였던 데다 1918년 6월의 전로한족회 제2회 총회에서 이동회와 함께 동회의 명예회장으로 선출되었고, 상해 임정 재무총장에 추천된 유력자였다. 최재형 등은 4월 7일 취조를 위해 압송되던 중, 탈출을 시도하다가 사살되어 순국하였다.

최재형의 체포 당시 상황에 대하여 딸 최 올가는 다음과 같이 회상하고 있다.

> 부친은 국내 전쟁기에 다시 체포되었다. 혁명이 시작되자 읍집행위원회 위원장으로 계시던 그분은 일본의 대극동 무력간섭 당시 지하활동을 하셨

일본군에 의해 끌려가는 한인과 러시아 혁명군

4월참변 때 블라디보스토크의 한인을 학살한 일본군

우수리스크의 일본군 포대

4월참변 당시 니콜라예프스크의 일본군

4월참변 때 스파스크에서 희생된 한인

일본군이 방화한 하바롭스크의 한인가옥

다. 우리는 아버지에게 피신을 권고하였다. 그분은 "그러면 너희들은 다 잡혀간다. 나의 피신처를 알려고 고문할 것이다. 나는 벌써 늙었지만 젊은 너희들은 살아야 해. 차라리 내가 죽어야 해" 하시는 것이었다.

이른 아침에 아버지가 창문을 여시는 소리에 잠을 깼는데 몇 분이 지나니 일본군이 문턱에 총을 들고 나타나지 않는가. 그는 아버지를 결박하여 호송했다. 1920년 4월 5일. 이날 우리는 아버지와 영원히 결별했던 것이다.

우수리스크의 4월참변 추도비

일본은 최재형의 사망에 대해 다음과 같이 기록하고 있다.

니코리스크 파견 족립포병대위의 보고에 의하면, 동 지역 주둔의 우리 헌병은 수비보병대와 협력해서 4월 5~6일 양일에 걸쳐서 동지 주재 배일선인의 가택수색을 행하고, 최재형 이하 76명을 체포 취조함에 동인과 김이직·황경섭·엄주필 등 4명은 유력한 배일선인으로서, 특히 최재형은 원래 상해임시정부의 재무총장이었고, 또 니코리스크 부시장의 위치에 있는 것을 기회로 다른 3명과 보의하여 혁명군 원조의 주모자가 되고 배일선인을 선동하고, 아군을 습격하는 등 무기를 가지고 반항적 행동을 하는 것으로 판단되어 전기 4명을 잡아 취조하고, 다른 사람들은 특히 체포할 근거가 없고, 유력자도 아니어서 장래를 엄히 경계해서 석방하였다. 그러다 우연히 동 지역 주둔 헤이룽 헌병대본부와 니코리스크 헌병분대가 4월 7일 청사의 이전을 행하는 일을 하고, 동일 오후 6시경 전기 4명을 신청사로 호송하던 중 감수인의 틈을 엿보아 도주함에 있어서 헌병은 추적 체포하려고 노력하였으나 그들은 지역을 잘 알고 있어서 교묘히 질주를 계속해 사살했다.

최재형의 순국은『동아일보』1920년 5월 7일자를 통해 국내에도 전해졌다.

향자 신한촌에 있는 일본을 배척하는 조선 사람의 부락이 일본 군사에게 점령되매, 그곳에서 달아난 조선인들은 니코리스크로 도망하여 그곳에 있는 조선 사람과 한 단체가 되어 불온한 상태가 있으므로 일본 군사는 헌병과 협력하여 수일 전에 그들 조선 사람의 근거지를 습격하고 원상해가정부 재무총장으로 작년 10월에 니코리스크에 와 있는 최재형 일명 최시형 이하 70명을 체포하여 취조한 결과 다른 사람은 다 방송시키고 두목되는 최재형 등 4명은 총살하였다더라.

최재형이 순국하자 딸들은 3개월간 검은 옷을 입고 다녔다. 아내는 1년간 검은 옷을 입었다. 딸 올리가는 충격을 받았다. 일본 외무성 사료

아일본로동자의 시긔함은 이로 말할수가 업스며자본자들의 배척도 더욱심하야가서 조선로동자들은 갓득이나 남의고장향바람에 외롭고배곱흔 싱활을하여 가지고오던선냥은 크게놀내어고소해 대판상선(大阪商船)대진환(大進丸)은 대판본금고(大阪本金庫)로부터 조선총독부자금고로

崔在亨銃殺

로령「니코리스크」에서 일본군에게총살당해

향야 자신한촌(新韓村)에잇는일보 을배척하는 조선사람의 부락이 일본군사에게 뎜령되매 그곳에서다라난 조선인들은「니코라스크」로도망하야 그곳에잇는 조선사람과 한단톄가되야 불온한 상태가 잇슴으로 일본군사는헌병과협력하야 수일전에 그들조선사람의 근거디를 습격하고원상해가뎡부 재무총장(元上海假政府財務總長)으로 작년십월에「니코리스크」에 와잇는 최재형(崔在亨)의일명최시형」이하오칠십명을대포하야취묘한결과다른사람은 다-방송식히고 두목되는최재형등 네명은 총살하얏다더라

ㅊ놋코 배부하는동 배열사상을 선뎐하야 일본군대에 고용하고 잇는조선사람은 총살하며 일본사람편에 친한조선사람게 위해를끼치는동 여러가지로 치안을문란케하며 일본군대를 멸시하는횡동이 점점더하야오든중에 지난 사월사일부터 왼로랑군대가 교전하게되매「해삼위」항구에잇는 조선사람은로국군대편에 응하야 그형세가자못왕성하든중더욱히「니코리스크」에서는 일본군대에향하야침로함으로써 일본군은혁명대를 조직하야 조선사람들을 검거하얏스나 그중에서 노하준사람도 잇고또 니코리스크방면에잡어둔사람도잇는대 그잡히어잇는 조선사람의 수효는전부 륙십칠명인대 그중에서네사람은 배일

同別報

해삼위(浦鹽威)「니코리스크」에 잇는조선사람은「로국」정변이란로배일히는 형세가 점점심하야 쳐서불온한문서(不穩文書)를빌보 단에 가장유력한 사람뿐아니라 일본사람에게 령렵히저항함으로 총살하얏다더라(해삼위뎐보)

최재형의 순국을 알리는 『동아일보』 기사

관에는 일본인과 한국인 밀정을 통해 수집한 연해주 한인사회에 관한 자료가 44권 남아 있다. 이 자료에는 일본 총영사관이 정보수집뿐 아니라 독립투쟁 단체들의 분열, 독립투사 간의 이간, 러시아 정부에 대한 역정보 제공으로 러시아 정부가 독립투사를 불량분자로 체포케 하는 공작도 맡고 있었음을 알 수 있는데, 그중에는 다음과 같은 편지도 들어 있다.

이 편지는 1920년 4월 5일 러시아 연해주 우수리스크에서 일본군에게 처형당한 대한민국임시정부 초내 재무총장 최재형의 딸 최 소피아가

1920년대 신한촌 전경

쓴 것이다. 편지의 내용에는 아버지를 죽인 원수 기토木藤克己에 대한 딸의 분노가 사실적으로 드러나 있다.

1920년 당시 블라디보스토크 일본 총영사관에서 조선인을 주로 담당했던 것은 기토였다. 그는 수많은 한국인들을 영어囹圄의 몸이 되게 하고 연해주 한인사회를 분열시키는 공작책임자이어서 많은 밀정을 거느리고 있었는데, 어느 날 고등 밀정을 우수리스크의 최재형 딸 집에 밀파했다. 그는 최재형의 4녀 최 소피아 페트로브나(1902~1993)의 집에서 3일간이나 머물렀을 만큼 수준 높은 자로서, 묵고 있는 동안 틈을 타서 그녀의 수기를 발견하고 몰래 이를 필사하여 가져왔다. 이 밀정이 필사한 수기는 일본 외무성 사료관이 소장하고 있는 「불령단관계잡건 조선인부 재시베리아」에 1920년 7월 13일부로 블라디보스토크 일본 총영

獨立新聞

每週火木土 三回發行

建國紀元四千二百五十三年
西歷一千九百二十年
陰曆庚申三月二十七日

崔在亨先生以下
四義士를哭함

『독립신문』이 최재형 추도 기사

사 기쿠치菊池義郎가 외무대신 우찌다內田康에게 보낸 보고서에 첨부되어 있다.

경애하는 폐하!

참기 힘든 정을 억누르다 벌써 8월이 되었습니다.

이제는 더 참기 힘듭니다.

아버님께서는 낮이나 밤이나 저승에서
애비 죽인 놈은 살아서 활개를 치고 있는데
왜 원수를 갚지 못하느냐고 울고 계실 것만 같습니다.

악마 같은 기토야!
사람 탈을 쓴 기토야!
너는 어찌하여 우리 아버지를 죽였느냐.
너는 어찌하여 죄 없는 조선 사람을 그렇게 많이 죽였느냐.
어떤 일이 있어도 네 죄는 용서할 수 없다.
네가 제 나라를 지킨다는 것이 지나쳐 불쌍한 조선 사람만 죽이고 있는 것이다.

이제 네 나라도 너를 못 지켜주게 되었다.
네가 좋아하는 조선 사람 죽이는 일도 마지막을 고한다.
네가 우리 동포를 지배하는 일도 끝이 난다.
네가 이 세상에서 더 살 수 있는 것도 막을 내린다.

기토야!
너 죽고 나죽자!
너 죽인 뒤에 나도 세상을 떠난다.
사람이 두 번 죽은 것 보았느냐.
사람 목숨은 한 번밖에 없는 생명이다.

연해주 신한촌 항일독립운동 기념탑

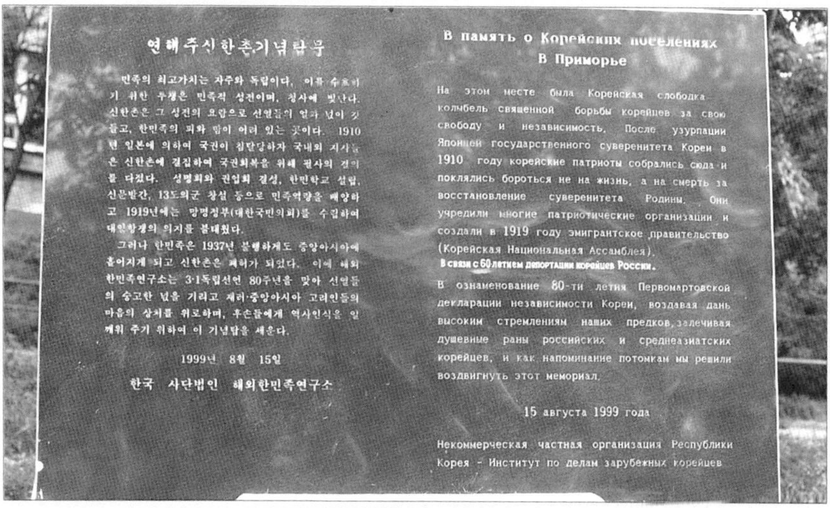

연해주 신한촌 기념탑문

최재형이 체포되어 간 우수리스크의 집

사랑하는 아버님!

당신의 딸을 잊지 마세요.

당신의 열녀는 이제 아버지의 원수를 갚습니다.

잊지 마소서!

가족들의 시련과 고통

최재형은 두 명의 부인을 두었다. 1882년 22세에 결혼한 그는 첫 부인에게서 아들 표트르 페트로비치(1883), 딸 베라 페트로브나(1885), 나제스다 페트로브나(1888) 등 3명의 자녀를 두었으나 그의 첫 부인은 네 번째 아이를 낳다가 아이와 함께 사망하였다.

부인과 사별한 후 최재형은 1897년에 20년 차이의 둘째부인 김 엘레나 페트로브나와 재혼하였다. 그녀는 노보키예프스크에서 상점을 운영하던 김 표트르 알렉산드로비치의 딸이었다. 김씨와의 사이에 딸 류보비 페트로브나(1898) 등 8명의 자녀가 태어났다. 최재형은 4남 7녀를 두었다.

장남 최 표트르 페트로비치(최운하, 1883~1918)

장녀 최 베라 페트로브나(1885~?)

차녀 최 나제즈다 페트로브나(1888~1972)

삼녀 최 류보비 페트로브나(1898~1938)

차남 최 파벨 페트로브나(최성학, 1900~1938)

사녀 최 소피아 페트로브나(1902~1993)

오녀 최 올가 페트로브나(최송학, 1905~)

삼남 최 발렌틴 페트로비치(1908~1992)

최재형과 그의 부인 김 엘레나 페트로브나

육녀 최 류드밀라 페트로브나(1910~)

칠녀 최 엘리사베타 페트로브나(1912~)

사남 최 비켄티 페트로비치(1914~1964)

최재형은 11명의 자녀를 키우면서 자녀들의 교육에 큰 관심을 보였다. 그는 자녀들이 모두 중등교육을 받아야 한다고 생각했다. 아이들에게 거친 말을 하거나 욕설을 하지 않고, 가족들에게 신중하고 부드럽게 대했으며, 아내가 자녀들에 대해 좋지 않은 말을 하면 항상 자녀들을 옹호하며 아내를 진정시켰다. 그러나 아이들은 엄격한 어머니보다 아버지를 더 무서워하였다. 그것은 아버지와 함께 하는 일이 드물었기 때문이

최재형의 부인 엘레나 페트로브나 김과 4명의 아이들(1912)

다. 그의 아들 발렌친 페트로비치는 아버지의 인간적인 면모에 대해 이렇게 회상했다.

> 최재형은 위대한 인도주의자였다. 이는 그의 모든 행위와 주위 사람들과의 관계에서 나타나고 있다. 가족 모두를 사랑으로 대했다. 결코 아이들에게 육체적으로 강제하지 않았으며, 말로 질책하는 것에 그쳤다. 가족 간에는 높은 톤이나 분개한 이야기가 오간 적이 없었다.

최재형의 자녀들(1937)

최재형은 일본의 보복을 두려워하였다. 그는 거의 집에 머물지 않고 항상 밤늦게 집으로 돌아왔다. 그는 가족의 안전을 위하여 여러 번 이사했다. 얀치혜에서 노보키예프스크(1905)로, 거기서 다시 슬라비얀카(1910)로, 거기서 다시 우수리스크(1918)로 이사했다. 그의 자녀 중 주요한 인물들을 중심으로 살펴보면 다음과 같다.

큰 아들인 최 표트르 페트로비치(최운학)는 1883년 포시에트의 얀치혜 마을에서 태어나 그곳 교구 소속의 초등학교를 졸업했다. 블라고베셴스크에서 신학교에 다니던 그는 차르체제하에서 자유사상을 갖고

최재형의 자녀들(1945)

1905년 혁명운동에 참여하였다가 퇴학당하였다. 그 후 고향으로 돌아와 학교 교원이 되었다. 1915년에 징집되어 평화 시에는 아무르주 니콜라예프스크 시의 국민교육 검사관으로 일하였다. 그러나 1916년 대독對獨전쟁 시 서부전선에 투입되어 전투에 참여하였다.

1917년 2월 혁명 후 육군 소위로 있으면서 304 저격연대부대 위원회의 의장으로 선출되었고 10월 혁명 후에는 부대의 지휘관이 되었다. 그리고 곧 노동자·농민·군인 대표로 이루어진 로슬라브스크 소비에트의 대표로 선출되었다. 그는 볼셰비키 당원이 되었으며, 회의에서 군사

최재형의 차남 최성학

부문 의장으로 선출되었다.

1917년 11~12월에 우크라이나 반 혁명 분자들을 돕기 위한 세 대의 군용열차가 로슬라불리를 지나간다는 첩보가 있었다. 로슬라블리 수비대에는 수단과 방법을 가리지 않고 이 군용열차를 노획하라는 지시가 떨어졌다. 연대장인 표트르가 총지휘를 하였다. 1918년 여름에 연대는 시베리아 동부전선으로 이동하였다. 백파군과의 전투에서 최 표트르는 중상을 입었다. 그는 1918년 이르쿠츠크 병원에 입원해 있다가 세상을 떠났다.

『독립신문』 1920년 2월 12일자는 그에 대하여 다음과 같이 기록하고 있다.

> 모스크바에는 최대장崔大將이라고 하는 한인 군단장이 있고, 최대장은 본시 시베리아 출신으로 전 재무총장의 최재형의 영식으로 러시아 중학교를 졸업하고 전번 구주대전에 준사관準士官으로 출정하여 서아西俄전선에서 수차례 공로를 세워 지금의 지위에 오름.
>
> 그의 친구 안정근의 말에 의하면 최대장은 아직 30줄에 있는 청년으로

러시아 문학을 사랑하여 졸병시대부터 군대 내에 문명이 높았고, 성격이 쾌활하고 담력이 있어 남의 윗사람이 될 만한 인물이라고 한다.

둘째 아들인 최 파벨 페트로브나(최성학)는 1900년 11월 25일 연해주 포시에트군 얀치혜에서 태어났다. 1905년 가족이 노보키예프스크로 이사하자 그곳에서 1907년 지방 교구 소속 초등학교에 입학하여 1911년 졸업하였다. 1910년 가족들이 슬라비얀카로 이주하였기 때문에 1년간은 외할아버지 집에서 살았다. 그 후 그는 아버지와 함께 블라디보스토크에 가서 8년제 상업학교에 입학했다. 1918~1919년에는 니콜스크-우수리스크 실과 학교를 다니면서 독립운동에 참여하였다. 1918~1920년에 『크라스키노 즈나먀』 신문의 지하기자로 일하면서 동시에 니콜리스크역 마을에서 청년운동을 지도했다. 또 1919년 9월 최재형과 함께 아누치노에서 활약하던 빨치산 부대를 찾아가 극동 빨치산 부대 참모장이 되었다(부대장 홍범도). 1920년 니콜스크-우수리스크 콤소몰(공산주의 청년동맹) 조직에 참여하였으며, 니콜스크-우수리스크군의 군 통수부에서 발간하는 신문 『시작』의 간사로 일했다.

1924년 2월 상트페테르부르크에 있는 프룬제 군사학교에 들어가 졸업 후 아무르 함대 스베르들로프호의 초병 지휘관으로 임명되었다. 1927년 11월부터 1928년 10월까지 카스피 소함대의 포함 '레닌'호의 포병 지휘관이 되었다. 1931년 5월부터는 카스피 소함대 참모부 함대 포병 지휘관, 1933년 11월부터 발틱 함대 기뢰부설함 '모스라브'호의 포병장이 되었다. 1927년 전소연방 공산당(볼셰비키) 당원 후보로, 1932년에는 정식 당원이 되었다. 1935년 부친이 부르주아였음을 은폐했다는 이유로 제명되는 한편 1935년 12월 카스피 소함대에서 면직되었다. 이어서 그해 12월부터 이듬해 12월 3일까지 조사를 받았다. 1935년 또다시 감금당한 그는 일본 간첩으로 자인할 것을 강요당하였다. 그 후 1938년 처형당했다.

「러시아 내각 직속 고문서 총국 소련해군중앙국립고문서과 폰드 2692, n. 5, 개인인사 4290, 비밀문서, 이름 최성학」의 기록을 보면 다음과 같다.

업무에 대한 기록

• 직무 : 스페들로브 전투함 당직장

• 성명 : 최성학

• 생년월일 : 1900년 11월 25일

• 출생지 : 조선

1) 민적 : 조선

2) 모국어 : 러시아어

3) 외국언어 사용함 : 조선어와 영어

• 출신성분 : 농민

1) 군무 취직 전의 직업 : 학생,

2) 부모의 직업

사회주의 10월 혁명까지 – 부 : 농민, 모 : 가정부인

현재 – 부 : 사망, 모 : 가정부인

• 학력

1) 중학교 – 고등학교

고등학교 – 해군학교

대학교 – 당학교 : 당학교장

2) 군학력

출신학교 : 프룬제 해군학교

위치 : 레닌그라드

시기 : 1920년 10월

3) 군대학교

• 당원 또는 당원 후보위원 : 1920년부터 조선당원

당원증 아니면 당원 후보위원 : 증명서

부르주아 민족주의 2월 혁명부터 사회주의 10월 혁명까지 어떤 당 일을 하였는가? 블라디보스토크에서 조선 학생들 연합회장

• 가족 유무

부인, 아이들, 독신, 남동생들 : 발렌틴 18세, 비켄티 12세, 여동생들 : 류드밀라 16세 엘리자베타 14세, 어머니 엘레나 50세 : 가정주부

• 건강상태 : 좋음

최재형 딸 최 올가의 가족

• 붉은 군대의 업무에 대해서

1) 1919년 후반부터 연해주 지역 유격대에서 활동

2) 1920년 4월 4일까지 니제우예스코고 지역 정치부 비서

3) 1920년 5월 1일까지 봄타보스키 지역에 경찰대장

4) 1920년 6월까지 1사단 러시아 경비연대 부관

5) 1920년 8월까지 아누치노예 사단 보병대대 부관

6) 1921년 2월까지 조선유격대장

7) 1921년 6월까지 사할린 유격대 참모부 부장

8) 1921년 6월부터 – 8월까지 사할린 유격대 참모부장

9) 1923년 12월부터 해군학교 학생

• 붉은 군대의 병사로서 적군과 전투할 때 : 1920년 4월 4~5일에 니즈네우엘스크 시 부근 전투에 기관총 대장

최 발렌틴 페트로비치는 강제이주되어 1938년 알마아타에서 체포되었다. 그는 카즈나르호즈우초트(카즈국민경제계산국)의 주임 농업기사로 일하고 있었다. 1940년 4월까지 심리를 받고 소련 내무인민위원부 특별협의회의 결정에 의해 석방되었다. 이때 지독한 조롱과 야유를 받는 수모를 겪었다 그는 「최재형/표트르 세메노비츠(1860~1920) 일대기」 등의 기록을 남기고 1992년 2월 사망했다.

최 류드밀라 페트로브나는 키르기스에 이주한 최초의 한국인으로 알려져 있다. 1995년에 나는 그녀를 방문했다. 1996년 7월 25일 그녀는 나에게 다음과 같은 애타는 사연을 보내주었다.

안녕하십니까, 박환 교수님.

당신이 우리가 살고 있는 곳을 다녀간 지 꼭 1년이 되어갑니다. 당신이 하고 있는 일은 잘 되고 있는지요. 우리는 당신이 우리와 함께 있었던 시간이 짧았던 것이 못내 아쉽습니다. 지금 우리의 건강 상태는 날로 나빠지고 있습니다. 우리 부부는 모두 매우 아픕니다. 나는 86세입니다. 남편

최재형 딸 최 류드밀라

도 그 정도의 나이입니다. 우리는 지금 생활문제가 어려워 매우 불안합니다. 당신도 지난번 방문 때 눈치 챘겠지만 우리의 상황은 매우 위태로운 지경입니다. 우리 집에는 노인을 위한 어떠한 시설도, 물·연료·휴식 공간조차도 없습니다. 곧 추운 겨울은 닥쳐오고 난로의 연료도 없고, 장작을 벨 힘도 없고, 물을 끓여 운반할 기력도 없습니다.

이곳 행정 당국에 새로운 집을 마련해달라고 수차례 반복해서 요구하였으나 10년 동안 아무런 결실도 없었습니다. 우리는 다른 집을 살 수 있는 여건이 안 될 뿐 아니라 식사조차 해결할 수가 없습니다.

당신에게 보인 이 모든 것을 해결하기 위하여 나는 존경하는 한국 대통령에게 어떤 형태로든 도움을 줄 것을 편지로 요청하였습니다. 나는 대통령 각하께서 이 문제를 어떻게 처리할 것인지 모릅니다. 이와 관련하여 나는 당신에게 주의를 돌리기로 하였습니다. 나는 아마도 당신은 이 문제에 대하여 어느 정도 우리를 도와 줄 수 있을 것으로 생각하였습니다. 당신은 우리의 구차한 삶을 목격한 사람입니다.

존경하는 당신께 걱정을 끼쳐드려 죄송합니다.

최재형, 최 표트르 세미노비츠의 딸 최 류드밀라 페트로브나.

1996년 7월 25일

주소 : 키르기스탄, 722360 카라콩, 츠카로바거리 87,

최 류드밀라 페트로브나.

전화 : 2–98–95

최재형의 사위 5명은 러시아 당국에 의해 총살당했다. 그들의 이름과 직업은 다음과 같다.

- 강 니콜라이 알렉세예비치 : 1차 대전에 참가한 대위, 보병연대 제119 기관총 대대 지휘관

• 알렉세이 알렉산드로비치 : 모스크바시 발라키레프 단추공장 엔지니어
• 텐 콘스탄틴 안토노비치 : 모스크바 『프라브다』지 사진기자
• 쇼루코프 호줴한 쇼루코비치 : 키르기스탄공화국 보건인민위원
• 남가이 옐리세이 파블로비치 : 제1차 대전 참가, 예비군 여단장, 기업합동 '서 시베리아 과일 야채 거리소' 부장

스탈린 시대 소비에트 정권에 의해 처형당한 최재형 자녀와 사위들은 구소련이 몰락한 후 모두 명예회복되었다.

최재형의 삶과 자취

1860. 8. 15	함경북도 경원(경흥)에서 최흥백의 아들로 태어났다. 러시아 이름은 최 표트르 세메노비츠. 부친 최흥백은 소작인이었으며 어머니는 기생
1869(가을)	부친 최흥백과 함께 러시아 연해주 지신허라는 한인마을에 정착
1871	한국인으로서 러시아 학교에 입학한 첫 학생이 됨. 형수와의 갈등으로 가출. 러시아 상선 선원들의 구출로 선원이 됨. 선장 부부의 도움으로 견문을 넓힘
1877	블라디보스토크에서 배를 타고 상트페테르부르크까지 두 번 다녀옴
1878	블라디보스토크로 돌아온 후 선장의 소개로 상사에 취직. 4년 동안 종사
1881	얀치혜로 다시 이주해 살고 있는 가족을 만남. 얀치혜 남도소의 러시아어 서기로 피선. 문화 계몽 활동 시작
1882	결혼. 첫 번째 부인은 세 아이(아들 1, 딸 2)를 낳고 네 번째 아이를 낳다가 아이와 함께 사망
1884	얀치혜에서 멍고개까지의 군사도로를 만드는 데 통역으로 일함. 집을 서양식으로 개조하고 한국인으로서는 처음으로 화원을 만듦
1888	도로건설에 노고와 열성을 보여주었다며 러시아 정부로

	부터 은급훈장
1890	주민들과 함께 처음으로 얀치헤에 공원을 만듦
1893	러시아 최초로 우리의 면장 또는 읍장에 해당하는 도헌에 선출되었다. 두 번째의 은급메달(스타니슬라브 수장)을 수여
1894	제1차 전 러시아 읍장대회에 참가하기 위하여 상트페테르부르크에 가서 알렉산더 3세의 연설을 들음
1895	통역을 그만 두고 얀치혜 남도소의 도헌에 피임. 하싼에 학교를 설립하기 시작하면서 한인들이 거주하는 지역마다 학교 설립. 초등학교를 졸업한 학생들이 대도시로 유학을 갈수 있도록 적극적으로 지원
1896. 5	니콜라이 2세의 대관식에 참여하여 황제가 직접 하사하는 예복을 받았다. 아울러 러시아 정부로부터 훈장 받음
1897	김 엘레나 페트로브나(1880~1952)와 재혼. 두 번째 부인과의 사이에 8명의 아이(3남 5녀)를 가짐
1904	러일전쟁 참여
1905	러일전쟁 참전 후 블라디보스토크로 귀환. 가족과 함께 노보키예프스크촌에 이주
1906	박영효의 초청으로 일본을 방문하여 일본의 실상을 파악하는 한편 국제정세를 이해함
1908. 4. 16	『해조신문』에 「아편단연회의 결성을 축하하는 글」을 기고
1908. 4(음력)	동의회 조직, 총장에 선임됨. 동의회의 의병활동 지원
1909. 1	이범윤의 부하에게 저격당하여 부상입음
1909. 1. 31	고본주 총회에서 1908년 11월에 창간된 『대동공보』의

	사장 취임
1910	가족과 함께 슬라비얀카로 이주
1911(초)	일제는 최재형을 제거하기 위한 음모를 꾸몄으나, 연해주 지방행정부의 반대로 성공할 수 없었음
1911. 6. 18	『대양보』가 발간되자 사장에 취임
7	블라디보스토크 신한촌에서 개최된 권업회 발기회에서 회장에 선출
1911. 12. 19	권업회 공식 창립대회에서 총재로 선출
1913. 3	상트페테르부르크에서 개최된 로마노프황가 300주년 기념행사에 한인대표단 단장으로 7명의 대표들과 참석
1913. 10. 10	권업회 특별총회(1913. 10. 10)에서 회장에 취임하면서 권업회 재건에 나섬
(말)	최봉준·채두성·박영휘 등 귀화한인(러시아 국적 취득자) 지도자 3인과 함께 '한인 아령 이주 50주년기념 발기회'를 조직
1914. 1. 19	정기총회에서 회장으로 다시 선출
3. 25	'한인 아령이주 50주년 기념회' 회장으로 선출
1915. 8	일본 외무상 모토노 타로가 러시아 당국에 보낸 메모에서 일제는 권업회 창건자의 한 사람으로 한국의 독립달성을 위해 1만 5,000루블의 기금을 모았다는 혐의를 적시. 러시아에 다른 동지 27명과 함께 최재형의 추방을 요청
11. 3	1차 세계대전에서 러시아군을 후원하기 위한 휼병금을 모금하기 위하여 블라디보스토크 신한촌에서 휼병회 발기회를 조직. 이러한 노력에도 불구하고 결국 선생은

	1916년 8월 또다시 러시아 당국에 체포되어 우수리스크로 압송되었다. 그러나 우수리스크에서 영향력을 갖고 있던 첫째 사위 김야곱 안드레예비치의 주선으로 석방
1916	슬라비얀카에 문화휴식공원을 만듦
1917. 12	『한인신보사』를 방문하여 기자와 담소. 관련 기사가 『한인신보』 23호 1917년 12월 23일자에 실림
1918	우수리스크로 이주
1. 11	개최된 고려족 중앙총회에서 최재형 등 두 명을 시베리아 독립정부에 파견하기로 결의
6. 13~24	우수리스크에서 제2회 전로한족대표자대회가 개최되었다. 러시아 각 지역의 대표 129명이 참여한 가운데 개최된 이 회의에서 최재형은 이동휘와 함께 명예회장으로 추대되었다. 그리고 6월 22~23일의 간부 선거에서 최재형은 이동휘와 함께 고문으로 선출되어 한인의 대표적인 지도자로서의 위상을 나타냄
8	한인장교 원 미하일이 하얼빈에 한인특별대대를 조직하자 이 부대의 장정모집을 후원
(말)	전로한족 중앙총회는 반볼셰비키적인 시베리아의회(독립의회)에 두 명의 의원을 참여시키기로 하였다. 최재형은 한명세와 같이 두 명의 한인의원으로 선출되었으나 사임하였다(대신에 김 알렉산드르 이바노비치가 선출됨)
1919. 1~2	1차 세계대전이 종결되고 파리강화회의가 개최되자, 러시아의 한인들도 파리강화회의에 대표를 파견하는 문제를 논의하였다. 당시 한인사회의 양대 축이었던 블라디보스토크와 니콜스크 – 우수리스크 두 지역의 한인들이

각각 파견 대표문제를 논의하였던 바, 최재형은 양측에서 선정한 예비후보에 각각 포함되기도 했다. 결국 파리강화회의에 파견할 최종 대표는 윤해와 고창일로 결정되었는데, 당시 선생은 전로한족 중앙총회의 상설의회 의원으로서 최종대표를 결정한 6명 가운데 한 사람이었다

3(중순)	대한국민의회의 외교부장에 선출
4	상해에서 성립한 대한민국임시정부의 재무총장으로 선임되기도 했으나 취임하지 않음
1920. 4. 5	우수리스크에서 일본군에 체포되었고 김이직·엄주필·황 카피톤 등 3명의 인사들과 함께 총살당함
5. 22	상해에서는 상해거류민단의 주최로 300명이 참석한 가운데 선생과 순국한 인사들을 위한 추도회가 개최됨. 이 추도회에는 대한민국임시정부의 국무총리 이동휘를 비롯한 각부 총장 전원이 참석하였으며, 국무총리 이동휘가 선생의 약력을 소개함
1952. 7. 13	부인 엘레나 페트로브나가 사망하여 키르기스탄 공화국 비쉬케크 묘지에 안장

참고문헌

자료

- 국사편찬위원회, 『한국독립운동사자료』 34-35, 1997
- 국가보훈처, 신용하 해제, 『대동공보』, 1993
- 국가보훈처, 박환 해제, 『독립군수기』, 1995
- 국가보훈처, 김창수 해제, 『안중근』 123, 1995
- 『권업신문』
- 『대한인정교보』
- 독립기념관, 조동걸 해제, 『북우 계봉우 자료집』 (1)(2), 1996~1997
- 독립기념관, 윤병석 해제, 『성재 이동휘전서』 (상, 하), 1998
- 박종효 편역, 『러시아 국립문서보관소 소장 한국관련문서요약집』, 한국국제교류재단, 2002
- 『청구신보』
- 최덕규, 『러시아 국립극동역사문서보관소 한인관련자료해제집』, 고려학술문화재단, 2004
- 한국외국어대학교 역사문화연구소, 「독립국가연합의 한국학 원자료」특집, 『역사문화연구』 20, 2004
- 한국정신문화연구원, 『국역한국지』, 1984
- 한국정신문화연구원, 『江北日記, 江左輿地記, 俄國輿地圖』
- 한국정신문화연구원, 박성수 해제, 『한국독립운동사자료집 - 홍범도편』, 1995
- 『해조신문』

단행본

- 강만길, 『강만길 역사기행, 회상의 열차를 타고』, 한길사, 1999
- 고송무, 『쏘련의 한인들』, 이론과실천, 1990
- 권희영, 『한인 사회주의운동연구』, 국학자료원, 1999
- 김승화 저, 정태수 편역, 『소련한족사』, 대한교과서주식회사, 1989
- 마뜨베이 찌모피예비치 김 저, 이준형 옮김, 『일제하 극동시베리아의 한인사회주의자들』, 역사비평, 1990
- 박환, 『러시아한인민족운동사』, 탐구당, 1995
- 박환 편저, 김블라지미르 저, 『강제이주 60주년에 되돌아본 재소한인의 항일투쟁과 수난사』, 국학자료원, 1997
- 박환, 『재소한인민족운동사 – 연구현황과 자료』, 국학자료원, 1998
- 박환, 『박환의 항일유적과 함께 하는 러시아 기행』 (1)(2), 국학자료원, 2002
- 박환, 『대륙으로 간 혁명가들』, 국학자료원, 2004
- 반병률, 『성재 이동휘 일대기』, 범우사, 1998.
- 보리스 박, 니콜라이 부가이, 『러시아에서의 140년간』, 2004
- 서대숙 엮음, 이서구 옮김, 『소비에트한인백년사』, 도서출판 태암, 1989
- 송금영, 『러시아의 동북아진출과 한반도정책(1860~1905)』, 국학자료원, 2005
- 신연자, 『소련의 고려사람들』, 동아일보사, 1988
- 송금영 · 박환, 『이범진의 생애와 항일독립운동』, 외교통상부, 2003
- 이광규, 『러시아 연해주의 한인사회』, 집문당, 1998
- 이상근, 『한인 노령이주사연구』, 탐구당, 1996
- 한국독립유공자협회 엮음, 『러시아 지역의 한인사회와 민족운동사』, 교문사, 1994

논문

- 김 게르만, 「한인의 러시아 극동지역 이주와 정착」, 『한국민족운동사연구』 30, 2002.

• 박민영, 「유인석의 국외 항일투쟁 로정(1896~1915) – 러시아 연해주를 중심으로」, 『한국근현대사연구』 한국근현대사학회 2001-12.
• 박민영, 「한말 연해주의병에 대한 고찰」, 『인하사학』 1, 인하역사학회 1993-12
• 박환, 「대한국민의회와 연해주지역 3·1운동의 전개」, 『산운사학』 9, 고려학술문화재단, 2000.
• 박환, 「신한촌과 한인독립운동」,『한민족공영체』, 해외한민족연구소, 2000
• 박환, 「구한말 러시아 최재형 의병연구」, 『한국독립운동사연구』, 1999.
• 박환, 「러시아 연해주에서의 안중근」, 『한국민족운동사연구』 30, 2002.
• 박환, 「최재형과 재러한인사회 – 1905년 이전을 중심으로」, 『사학연구 – 죽전신재홍박사정년퇴임기념론문집』 55. 56, 1998
• 반병률, 「대한국민의회의 성립과 조직」, 『한국학보』 46, 일지사 1987-3
• 반병률, 「노령 연해주 한인사회와 한인민족운동(1905~1911)」, 『한국근현대사연구』 7, 한국근현대사연구회 1997-12
• 반병률, 「재로한인 강제이주 이전의 한인사회의 동향(1923~1937)」, 『한국독립운동사연구』 11, 1997
• 반병률, 『최재형 – 러시아 고려인 사회의 존경받는 지도자』, 국가보훈처, 2004.
• 유한철, 「연해주 13도의군의 이념과 활동」, 『한국독립운동사연구』 11, 1997
• 윤병석, 「이동휘의 망명활동과 대한광복군정부」, 『한국독립운동사연구』 11, 1997
• 이명화, 「1910년대 재러한인사회와 대한인국민회의 민족운동」, 『한국독립운동사연구』 11, 1997
• 이정은, 「최재형의 생애와 독립운동」, 『한국독립운동사연구』 10, 1996
• 이정은, 「3·1운동을 전후한 연해주 한인사회의 독립운동」, 『한국독립운동사연구』 11, 1997
• 정제우, 「연해주 이범윤 의병」, 『한국독립운동사연구』 11, 1997

찾아보기

ㅅ

ㅇ

ㅈ

ㅊ

ㅍ

ㅎ

시베리아 한인민족운동의 대부 최재형

1판 1쇄 2008년 2월 18일
1판 2쇄 2012년 8월 18일

글쓴이 박환
기획 독립기념관 한국독립운동사연구소
펴낸이 김능진
펴낸곳 역사공간
서울시 마포구 서교동 463-31 플러스빌딩 5층
전화 : 02-725-8806~7, 팩스 : 02-725-8801
등록 2003년 7월 22일 제6-510호
ISBN 978-89-90848-38-3 03900

*잘못된 책은 바꿔 드립니다.